《论语》真的很容易

曾仕强 著

华龄出版社
HUALING PRESS

图书在版编目（CIP）数据

《论语》真的很容易 / 曾仕强著. -- 北京：华龄出版社，2023.9
ISBN 978-7-5169-2597-3

Ⅰ. ①论… Ⅱ. ①曾… Ⅲ. ①《论语》- 通俗读物 Ⅳ. ①B222.2-49

中国国家版本馆CIP数据核字（2023）第158771号

策划编辑	周宇燕	责任印制	李未圻
责任编辑	梅　剑	装帧设计	杨西福

书　名	《论语》真的很容易	作　者	曾仕强
出　版	华龄出版社 HUALING PRESS		
发　行			
社　址	北京市东城区安定门外大街甲57号	邮　编	100011
发　行	（010）58122255	传　真	（010）84049572
承　印	唐山玺鸣印务有限公司		
版　次	2023年9月第1版	印　次	2023年9月第1次印刷
规　格	880mm×1230mm	开　本	1/32
印　张	6.875	字　数	140千字
书　号	ISBN 978-7-5169-2597-3		
定　价	49.80元		

版权所有　侵权必究
本书如有破损、缺页、装订错误，请与本社联系调换

前　言

宋代著名理学家朱熹，选取儒家的四部重要经典，即《大学》《中庸》《论语》《孟子》，合起来称为"四书"。

《论语》是最重要的儒家典籍，所记载的都是孔子及其弟子平日所说的一些话语和行为。用现代的话来说，便是孔子及其弟子的语录。

《论语》全书分为二十篇，但没有按照特定的次序来编排。无论从哪一篇开始阅读，都能够获得很好的启示。

孔子这些语录，大部分是针对人性而发的。由于万事万物都在变，只有人性自古以来始终没有改变，所以现代人读《论语》，仍然可以获得很大的助益。

《论语》中有一些针对当时某人、某事的特殊论说，由于时空的变迁，必须作出合理的调整，才能够符合现代的实际状况。在这些部分，我们提出若干建议，以供参考。

孔子名丘，字仲尼，春秋时期鲁国人，生于公元前551年，卒于公元前479年，享年72岁。孔子3岁时，便失去了父亲，当时，他的母亲才十几岁。在这么一个孤儿寡母的家庭里，能够培养出全人类所尊敬崇拜的导师，不得不说，母亲的伟大，实在令人钦佩。

孔子学说的重心在"人",并不在"神",所以不重宗教,而重视做人的道德修养。把"儒家"说成"儒教",相信孔子是不会同意的。

孔子学说的精神在"行",而不在"说"。说一大堆,不如亲自去做。所以读《论语》,最好把《论语》的道理,践行于日常生活之中。

只有真正践行了《论语》思想的人,才是真正了解《论语》的人。

孔子以其深邃的思想和伟大的人格魅力,掀起了一场影响世界几千年的道德自觉活动。很多现代人重视物质生活而轻视道德修养,重新了解《论语》的真义,应该可以归根复命,寻找心灵中光明的未来。

目 录

学天第一

孔门三乐……………………… 1
巧言令色，鲜矣仁…………… 4
吾日三省吾身………………… 6
入则孝，出则悌……………… 8
言而有信……………………… 10
父在观其志…………………… 12
礼之用，和为贵……………… 14
贫而乐，富而好礼…………… 16

为政第二

曰思无邪……………………… 19
吾十有五而志于学…………… 21
温故而知新…………………… 23
学而不思则罔………………… 25
知之为知之…………………… 27

八佾第三

是可忍，孰不可忍…………… 30
君子无所争…………………… 32
乐而不淫……………………… 34
既往不咎……………………… 36
尽善尽美……………………… 38

里仁第四

里仁为美……………………… 40
能好人，能恶人……………… 41
朝闻道，夕死可矣…………… 43
吾道一以贯之………………… 45
见贤思齐……………………… 47
父母在，不远游……………… 49

公冶长第五

朽木，不可雕也 …… 52
敏而好学，不耻下问 …… 54
君子之道 …… 56
善与人交，久而敬之 …… 57
三思而后行 …… 59

雍也第六

不迁怒，不贰过 …… 61
不堪其忧，不改其乐 …… 63
文质彬彬 …… 65
知者乐水，仁者乐山 …… 66
己欲立而立人 …… 68

述而第七

学而不厌，诲人不倦 …… 71
德之不修 …… 73
举一反三 …… 74
求仁得仁 …… 77
子不语 …… 79
三人行，必有我师 …… 81
择其善者而从之 …… 83
君子坦荡荡 …… 85

泰伯第八

恭而无礼则劳 …… 87
如临深渊，如履薄冰 …… 89
人之将死，其言也善 …… 91
任重而道远 …… 93
笃信好学 …… 95
不在其位，不谋其政 …… 97

子罕第九

有美玉于斯 …… 99
各得其所 …… 101
逝者如斯夫 …… 102
后生可畏 …… 104
匹夫不可夺志也 …… 106
岁寒知松柏 …… 107

乡党第十

朋友馈，不拜 …… 109

先进第十一

未知生，焉知死 …… 111
言必有中 …… 113
过犹不及 …… 114

颜渊第十二

非礼勿视 …… 117
己所不欲，勿施于人 …… 119
四海之内皆兄弟 …… 122
民无信不立 …… 124
君子成人之美 …… 126
君子以文会友 …… 128

子路第十三

欲速则不达 …… 130
言必信，行必果 …… 131
君子和而不同 …… 134
善者好之，不善者恶之 …… 135
君子泰而不骄 …… 137
刚毅木讷，近仁 …… 139

宪问第十四

君子不仁 …… 141
见利思义 …… 143
君子上达，小人下达 …… 145
以直报怨，以德报德 …… 147
不怨天，不尤人 …… 148
知其不可而为之 …… 150
修己以安人 …… 152

卫灵公第十五

一以贯之 …… 155
工欲善其事，必先利其器 …… 157
人无远虑，必有近忧 …… 159
君子求诸己 …… 160
己所不欲，勿施于人 …… 162
小不忍，则乱大谋 …… 164
过而不改，是谓过矣 …… 166
有教无类 …… 168
道不同，不相为谋 …… 169

季氏第十六

既来之，则安之 …… 172
君子三戒 …… 176
君子三畏 …… 177

阳货第十七

色厉而内荏 …… 180
乡原，德之贼也 …… 182
道听而涂说，德之弃也 …… 183
患得患失 …… 185
唯女子与小人为难养也 …… 187

微子第十八

吾老矣，不能用也 …………… 190

鸟兽不可与同群 ……………… 192

无可无不可 …………………… 196

子张第十九

日知其所亡 …………………… 199

博学而笃志 …………………… 201

学以致其道 …………………… 202

仕而优则学 …………………… 204

君子之过，如日月之食 ……… 206

尧曰第二十

宽则得众，敏则有功 ………… 209

学天第一

孔门三乐

子曰:"学天①时习②之,不亦说③乎?有朋自远方来,不亦乐乎?人不知而不愠④(yùn),不亦君子⑤乎?"

主旨

孔门子弟的三大乐趣,分别为:不断学习和实践;交几个好友;向君子看齐。

注释

①"天"就是自然。②"习"是习惯。③"说"字同"悦",表示内心欣喜。④"愠"是稍微有些生气,不高兴的样子。⑤"君子"指道德修养良好的人。

今译

孔子说:"向大自然学习,以自然为老师,并常常在生活中实践,养成习惯,不是很喜悦吗?有同道好友从远方来,不是很快乐吗?别人不知道我的才学,我也不生气,不就是一位君子吗？"

引述

孔子这三句话，被认为是"孔门三乐"，表示儒家弟子应该培养这三种乐趣，来增进自己的修养，并使和自己有交往的人也获得安宁，大家和谐相处。

长期以来，我们把《论语》第一篇定位为"学而篇"，说它是没有意义的，这不符合孔子的思想，因为孔子主要的思想就是"正名"，"必也正名乎"。第一篇的意义，就是说人生最重要的是学习，人生离开学习，就无法生存。我们要学习，首先要有目标，要有方向，不可以乱学。一个人学得正确，对自己有益；学得不正确，自然是有害的。所以，《论语》第一篇应该正名为"学天篇"。"学天篇"是说，做人，不管职位高低，不管从事什么行业，都应该向大自然学习。人既然不能离开大自然，就必须要按照大自然的规律，去找到做人做事的方向。

"学天时习之"的"习"字，一直被解释为温习、复习。演变成老师课后指定很多重复的作业，反而减低了学习的乐趣。孔子一向重视知行合一，学到的知能，一定要在日常生活当中实践出来，进而养成习惯。所以这个"习"字，应该解释为习惯，如果真的习惯成自然，当然令人喜悦。同道好友，为什么愿意远道来访呢？最好的理由，便是来到我们这里，可以多少得到某些好处，譬如下几盘象棋、喝几杯好酒、看一些平常看不到的书画，或者听到某些难得一闻的道理。会当主人，把主人当好，客人才愿意来。同道好友常来往，彼此才有机会互助，共同为未来而奋斗。最难能可贵的修养，便是自己很有名气，满肚子学问，有一套独门功夫，而别人却有眼不识泰山，居然看不出来。自己受到这样的冷落和漠视，仍然丝毫不觉得难过，完全不会生气，应该怎么样，就如常地表现。

有些人则完全相反，学到的东西，只是挂在口头上，说得十分动听，实际上却全无表现。一想到亲友来就头疼，根本不想来往。没有受到应有的尊重，便大发雷霆，至少也要表示不满，警告大家不可如此无礼。这样的人，不但得不到孔门三乐，而且自己痛苦，也折磨别人，大家都不得安宁。

自我要求

（一）做人应该愉快地生活，而不是完全追求物质上的享受，以及感官上的刺激。

（二）要获得内心的快乐，最好接受孔子的建议。自我修持，以期早日获得孔门三乐。

（三）内心的悦乐，不能靠别人。最好要求自己，而不计较别人是否如此，自然乐在生活。

建议

在日常生活中，培养孔门三乐的情趣，使自己更受欢迎，也更加有价值。读《论语》却得不到生活的乐趣，那就白读了，一定有失误的地方。

巧言令色，鲜矣仁

子曰："巧言①令色②，鲜矣仁。"

主旨

修养良好的仁者，大多直言正色。

注释

①"巧言"指不切实际的花言巧语。②"令色"指不诚恳的嬉皮笑脸。

今译

孔子说："专说动听的话，嬉皮笑脸讨好别人，这种人很少有仁心。"

引述

说话最好说到对方听得进去，但是合理的"度"十分重要。过分动听，不是存心讨好，拍马屁，便是有口无心，虚伪而不实在。不及的话，就会忠言逆耳，引起听者的不悦，产生反效果。嬉皮笑脸，让听者搞不清楚真正的用意是什么，很可能丧失或降低沟通的效果。

说话时态度不正经，内容不切实际，基本上已经不是正人君子，谈不上什么品德修养。

但是，说直话，表现出正经的态度，也应该合理。在这些方面，"度"仍然很重要。太直了，对方受不了，听不进耳。过分正经，弄得大家都很紧张，未免破坏了沟通的气氛。正直的人，太直的话反而听不进去；不正直的人，听直话也无所谓。结果大家都认为这种人很正直，岂不可怕？

我们的警觉性，普遍显得很高。换句话说，也就是疑心很重，既不容易被讨好，也不容易被感动。所以巧言令色，大多不受欢迎。

自我要求

（一）巧言令色，目的在于讨好别人。动机不纯正，所说的话通常很不确实，这种人大多不是君子，要特别小心。

（二）我们自己不能够巧言令色，以免被视为小人。他人巧言令色的时候，如果是对我们，我们要提高警觉；若是对他人，我们要小心应对。

（三）够交情的人，可以善意提醒；但是不能过分强调，以免伤害对方的自尊。

如果不够交情，最好默不作声，当作没有这回事，让对方自行处置。

建议

注意自己的沟通态度和方式，不巧言令色；也不能太直，否则令人承受不了。

吾日三省吾身

曾子①曰："吾日三省（xǐng）吾身：为人谋而不忠乎？与朋友交而不信乎？传②（chuán）不习③乎？"

主旨

曾子每日反省自己的三个重点。

注释

①"曾子"名参（shēn），鲁国人，孔子的弟子。②"传"可以当作老师传授的知识和技能。③"习"指即知即行，及早养成习惯。

今译

曾子说："我每天自我反省：替人做事有不尽心的吗？与朋友交往有不信实的吗？老师教我的有没有在日常生活中运用？"

引述

西方人以神为本，十分重视忏悔，表示对神的尊敬。中国人以人为本，我们最好每天留下二十分钟，好好反省，以求修治自己，使自己不断地精进。

反省时要掌握三个重点，这是曾子对我们的建议：

（一）替人家想事情。有没有设身处地，站在对方的立场着想？有没有趁机从中为自己寻找一些好处？

（二）和朋友交往，有没有不信实的地方？有没有故意隐瞒某些事实，或者存心利用朋友对自己的信任？

（三）每天所学到的知识和技能，能不能即知即行，在日常生活当中，尽量去运用，以期养成习惯？是不是知而不行，只用来骗取考试的分数？或者用来炫耀自己，甚至于欺骗别人？

自我要求

（一）人类和一般动物最大的差异之一，即在具有自我反省的能力。反省之后，还要通过实践，来不断改善自己，以提升自我。

（二）反省的时间，至少每天要花二十分钟，否则形式上如此，实际上却很容易放松自己，收不到真正的效果。

（三）反省不是后悔，也不是跟自己过不去。反省的目的，在于找出自己的缺失，加以改善。只要日有寸进，天天有改善，成果必然很好。

建议

不论怎样忙碌，每天至少留二十分钟给自己，养成天天反省的习惯。

入则孝，出则悌

子曰："弟子①入则孝，出则悌，谨而信，泛②爱众，而亲仁。行有余力，则以学文③。"

主旨

孔子主张修德为先，除此之外，还要利用时间求取学问。

注释

①"弟子"指为人弟妹或子女的后生晚辈。②"泛"是广泛、普遍的意思。③"文"指诗书六艺。

今译

孔子说："年轻人在家要孝顺父母，出门要恭敬兄长，言行谨慎有诚信，博爱众人，亲近有仁德的人。实践之余，还要尽量利用时间来学习诗书六艺。"

引述

中国人说天，含有地在内；说男，包括女在内。弟子即弟妹或子女，是一种通称。在家里合理孝顺父母，出外时应该尊敬长辈或年龄较大的长者。做起事来，务求慎始善终，有头有尾，谨慎小心。待人接物，必须讲求诚实，以建立良好的信用。对一般人和蔼、有礼貌；对品德修养良好的人，要多亲近、多请教。为了增进上述这些素养，还应该尽量利用时间多读书，多明白其中的道理。知行合一，才能够合理地调整和改善自己的所作所为。

"行有余力，则以学文"，并不是"文"没有"行"重要，而是真正的有效学习，应该是"从做中学"。一边实践仁德，一边学习其中的道理，自然有更为深入的领悟。"文"指诗书六艺等较为艰深的学问，最好在学会一般日常生活的基本技能之后，才来学习。现代人在这方面的次序，有很多是颠倒过来的，以致有一些知识，却缺乏常识。

自我要求

（一）生活的方式可以变，生活的原则不能变。孔子所说的孝悌、谨信、亲仁、学文，基本上都不应该加以改变。

（二）谨慎和诚信，是一个人在人群社会立足的必要条件。只要有一样出现偏差，便会产生很大的遗憾。最好从小培养这样的习惯，终生不要有丝毫疏失。

（三）只要有时间，就应该用来学习，以增进自己的实力。现代倡导终生学习，最好是学习有用的道理，而不是学那些增加感官刺激的新奇事物，害己也害人。

建议

把修养自己的品德，当作终生不渝的原则。德本财末和德本才末，最好细心体会。

言而有信

子夏①曰："贤贤易色②。事父母，能竭其力；事君，能致其身③；与朋友交，言而有信。虽曰未学，吾必谓之学矣。"

主旨

子夏教人务本重实。

注释

①"子夏"姓卜名商，字子夏，孔子的弟子。②"贤贤易色"的第一个"贤"字为动词，是尊重的意思。第二个"贤"字为名词，指贤能的人。"易色"指好比爱好美色的心态。③"致其身"即献身于职守。"致"是"委"的意思。

今译

子夏说："将爱好美色的心态，推广到敬重贤能人士上。侍奉父母尽心尽力，对待君主忠于职守并不惜牺牲性命，与朋友交往言谈信实。这种人即使自谦说未学，我必定说他已经学过了。"

引述

古人所说的读书，主要目的在于明白道理。古人所说的学习，主要用意在于即知即行，养成良好的习惯。

一般人大多爱好美色，因为这是人的一种本性。经过读书明理，学习后即知即行，如果能够用爱好美色的本性，来扩展敬重贤能人士的心态，在对待父母、长官、朋友等方面做出合理的表现，这样，虽然说没有什么专业知识和技能，我们也应该尊重他的读书明理。

现代人的专业知能，大多超过古代的人。可惜在修养品德方面，却往往不如古人。最好在这一方面也加强起来，成为有品德、有价值的人，更令人看得起。

自我要求

（一）爱好美色，原本是人的本性，没有必要伪装或隐藏。只要好德如好色，尊重贤能人士，好比爱好美色那样，就很了不起，值得我们尊敬。

（二）侍奉父母，为什么不统一规定标准？因各人的情况不一样，所以各自尽心尽力就好，不能够设置标准，来加以严格地要求。对君主也是一样，能够在必要时不惜牺牲宝贵的性命，就十分难能可贵。

（三）和朋友交往，有信用、靠得住，即使没有读什么书、受什么高深的教育，也真是懂得道理的正人君子。

建议

不要看不起没有读书的人，要仔细看看，是不是做人做事，都合情合理？只要明理，不必计较学历的高低。

父在观其志

子曰:"父在观其志,父没观其行。三年无改于父之道①,可谓孝矣。"

主旨

孔子对于"孝子"的具体标准。

注释

①"无改于父之道"是说不改变父亲在世时的言行原则。

今译

孔子说:"父亲在世的时候,观察儿子的志向。父亲不在世了,便观察儿子的行为。在守丧的三年当中,能够坚持不改变父亲在世时的所有言行原则,就是孝子。"

引述

子女为父母所生,却不为父母所有。子女想做的事情,不一定要和父母一样;但是,为社会人群做出良好贡献的志向,应该是相同的。所以父母在世时,子女应该学习父母的正当志向。等到父母逝世以后,还应该保持父母所教导的正当行为。至少在守丧三年期间,能够坚持不改变父母在世时的言行态度。

现代人不可能守丧三年,但是孔子对于孝子的要求,迄今仍然具体可行。学习父母的正当志向和言行态度,原本就是家庭教育的重点。在家学做人,到学校充实知识,成为现代人的基本教养。继承父母的志向,秉持父母的言行态度,可以形成坚实的家风。如此世世代代传承下去,人人不忘本,必然形成家庭教育的强大力量,可以确保子弟血浓于水的共识。

自我要求

(一)一般家庭,父母的志向未必十分明确,子女能不能继承,实际上也不十分重要。孔子这一番话,应该是针对那些在政治上、经济上或社会上负有重责大任的家庭所言,目的在于促使这些家庭的子女在继承父业时,要特别重视经营理念的持续发扬光大。

(二)继承大业后,要先依据先人所遗留的理念,至少试行三年,完全了解其中的奥妙后,再做出合理的调整,这才是孝道的表现。

(三)一般家庭,要看父母的志向是否正确,再决定应不应该继承下去。最好的办法,其实也是先照着实施,三年之后,自己有深切的体认再来变更,以策安全。

建 议

凡事先了解,然后求适应。有了心得之后,再力求改善,应该是比较合理的做法。

礼之用，和为贵

有子曰："礼之用，和①为贵。先王②之道，斯③为美，小大由之。有所不行，知和而和④，不以礼节之，亦不可行也。"

主旨

行礼要从容合节，才算可贵。

注释

①"和"是从容不迫。②"先王"指古代圣王。③"斯"是"此"，指礼。④"知和而和"是指"知礼贵和"，而全心全意求从容不迫。

今译

有子说："礼的运用，以从容不迫为可贵。先王的所有道理中，最美好的就在于礼，不论大事小事，都应该依照这种要求去做。但也有行不通的，那就是知道礼要从容不迫，而全心全意想从容不迫，不知道以礼来节制，也就行不通了。"

引述

礼的后面，经常加上一个"节"字，成为"礼节"，意思是礼多往往令人怀疑，还不如有所节制，来得合理。

一个社会的传统习俗，以及所认可的善恶标准，所形成的共同习惯，便是礼。礼对社会中各个阶层的行为，具有很大的约束力，构成大家共同遵守的社会秩序。我国先贤以从容不迫的可贵精神，力求减少礼俗对个人的过分束缚。只要我们在从容不迫和以礼节制之间，找到合理的平衡点，就不会觉得礼教吃人，也不致过分随便而令人吃惊，否则破坏了人与人之间的正常关系。

自我要求

（一）"礼"和"理"同音，似乎在提醒我们，礼也应该合理。过与不及的礼，都不能达成"和为贵"的要求。人与人相处，固然和为贵，但是和要和得合礼，也就是合理，才不致和稀泥，令人厌恶。

（二）中华文化的精华，在"和""合"二字。和而能合，那就必须人人知所节制。凡事以合理为原则，才能够在和谐中寻求密切的合作。

（三）若是只知道和气，只求和谐，而不能用礼来节制，时间一久，便丧失了是非。这种和稀泥式的和，还不如不和。可见人人知礼、守礼，是和谐社会的必要基础。

建议

礼多必诈，是一般人对于过分有礼的一种警觉。时时保持合理的礼貌，才能使大家放心。

贫而乐，富而好礼

子贡曰："贫而无谄①（chǎn），富而无骄②，何如？"子曰："可也。未若贫而乐，富而好礼者也。"

子贡曰："《诗》③云：'如切如磋，如琢如磨④。'其斯之谓与？"子曰："赐也，始可与言《诗》已矣！告诸⑤往而知来者。"

主旨

贫或富都应该乐于读书与修道。

注释

①"谄"是以卑下的言语和态度去奉承别人。②"骄"指心态傲慢。③"《诗》"指《诗经》。④"如切如磋，如琢如磨"出自《诗经·卫风·淇奥》，意思是精益求精的精神。⑤"诸"是"之于"的意思。

今译

子贡说："贫困而不谄媚，富有而不傲慢，这种人怎么样？"孔子说："是可以了，但不如贫困而乐道，富有而好礼的人。"

子贡说："《诗经》上说：'像制作骨角一样，像制作玉石一样，不断切磋，不断琢磨。'就是说这种反复修治、精益求精的精神吧。"孔子说:"赐呀,现在可以跟你谈《诗经》了!告诉你一些话,你便能悟出其他的道理来。"

引述

　　一般人没有钱的时候,比较听话,表现出谄媚的样子。越有钱就越不听话,表示自己有办法。孔子的学生子贡自身十分富有,他提出这样的问题:"贫困时不谄媚,富有时不傲慢,怎么样?"可见他心里认为这样的人,已经了不起了。

　　没想到孔子提出更高的标准,指出"贫困时能够安贫乐道,富有时能够富而好礼",才是品德高尚的人士。

　　子贡不愧是孔子的学生,不像一般人那样,对孔子的话产生恼羞成怒的负面反应,死不认错地对自己的看法提出辩解,弄得以后大家都不愿意和他谈话。

　　他顺着孔子的教诲,指出赞同孔子的高见。

　　孔子果然对子贡的态度表示赞赏,说:"赐(子贡的字)也,始可与言《诗》已矣!"并且指出子贡具有举一反三的学习能力,十分难得。

　　从这段语录中,我们可以学到沟通的要领。特别是下对上的谦恭而不奉迎、拍马,上对下的爱护与教导。合情合理,而又气氛愉快。

自我要求

　　(一)三百六十行,行行都有自己所尊奉的祖师。子贡后来成为雕刻业的祖师爷,因为孔子死时,子贡正好在外地经商。他赶回曲阜守墓三年，之后弟子们各奔东西，只有子贡再守三年，终日为孔子的墓培土除草，并且回想孔子的教诲。他在清扫墓园时，利用木头雕刻了孔子的坐像。孔子的弟子清明扫墓时，纷纷向子贡请教雕刻的手艺，使这门手艺后来发展成为雕刻这一行。可见尊师、孝亲，经常有意想不到的良好效果。

（二）子贡是带职修业的学生，一面经商，一面学习，由于社会经验丰富，见识也多，更加容易举一反三。对于孔子的教诲，也更能够深刻体会。所以半工半读，如果能够格外用心，效果往往反而更好。

（三）贫困时常常表现对富有的向往，对富人阿谀、谄媚。而富有的人，也免不了骄傲自大。即使改变这样的态度，仍然不如孔子所描述的"贫而乐道，富而好礼"。一般人要修己，看来需要一步一步要求，不断提升自己才好。

建议

积极培养"举一反三"的习惯，促使自己灵活地吸收和运用各种知识和技能。

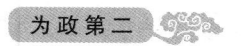

为政第二

曰思无邪

子曰:"《诗》三百,一言以蔽①之,曰:思无邪。"

主旨

孔子说明《诗经》的要旨。

注释

① "蔽"是概括的意思。

今译

孔子说:"《诗经》有三百篇,只要一句话便可以概括全书的要旨,那就是:作者的思想完全纯正。"

引述

前面说过,子贡是孔子学生当中,唯一亲身体验过贫穷和富有的人。他在贫穷的时候,为了不谄媚别人,吃过不少苦头。后来富有了,又为了不骄傲而煞费苦心。经过孔子引用《诗经·卫风·淇奥》的一句"如切如磋，如琢如磨"的启示，这才恍然大悟。一个人不需要为了贫穷或富有而费心思，只要把贫富归之于"天命"，自己则专心乐道修礼，便十分自在。有了这样的心境，才可以读《诗经》，因为《诗经》的作者，心里根本没有丝毫邪念。只有用同样的心情来领会，才能读得出真正的味道。

自我要求

（一）贫穷的日子过久了，一旦富有，往往不知道怎样因应，于是产生很多暴发户的不当行为。富有人家，忽然要过穷日子，好像也很难适应，甚至于想要自杀。这两种人士，最好都能够读读《诗经》，领会其中不违正道的心性，比较容易随遇而安。

（二）孔子所说的"诗"，便是我们现代所说的《诗经》。《诗经》是俗名，但是元朝以后，就一直沿用至今，流传下来的，一共有三百零五篇。孔子说"诗三百"，也表现出我们对数字的态度，不一定处处都讲求精确。换句话说，应该精确时才精确，否则说一个概数就可以了。

（三）读《诗经》的目的，应该是使自己的思想走入正道。如果不能达到这样的目的，不读也罢！可惜有些人不明白这个道理，搞出很多歪诗，徒然引起读者的邪念，实在是害人害己。

建议

思想纯正，观念正确，是最大的福气。我们追求幸运，最好从这里着手。

吾十有五而志于学

子曰:"吾十有五①而志②于学,三十而立③,四十而不惑④,五十而知天命⑤,六十而耳顺,七十而从心所欲,不逾矩⑥。"

主旨

孔子自述为学与进德的次序。

注释

①"吾十有五"指孔子十五岁那一年。②"志"是心有所向。③"而立"是成立、自立、立足。④"不惑"指没有疑惑。⑤"天命"指人世间一切理所当然的道义与责任。⑥"逾矩"的"逾"是超越,"矩"是规矩、法度。

今译

孔子说:"我十五岁时立志向学;三十岁时,能用学得的道理来立身行己;四十岁时,对自己所秉持的事理已不再疑惑;五十岁时,能知道天命的道理;六十岁时,听到别人的话可以分辨真假与是非;七十岁以后,就算随心所欲也不致逾越法度。"

引述

一个人的一生,能够循序渐进,持续地进步,是最为难得的。孔子这样的圣人,一路走来,一步一个脚印,值得我们学习。然而孔子所说的十五、三十、四十、五十等数字,不过是一种概略的叙述,各人都不相同,即为个别差异。人人自己反省,看看有什么需要调整、改善的地方,才是孔子说这一番话的真正用意。

从心所欲是有条件的,并不是每一个人都能够达到的境地,必须经过无数次的改善又改善,真正能够喜怒哀乐都发而皆中节,也就是表现到合理的程度,才可以从心所欲。我们应该把不逾矩当作从心所欲的必要条件;倘若逾矩,那就不可以从心所欲了。

自我要求

(一)人生是阶段性的调整,每一个阶段,都有不一样的努力目标。如果调整不过来,那就是过不了关卡,而难以突破。

(二)年轻人想要随心所欲,须用心自律。请看看孔子这样的圣人,也要到七十岁才能够达到这种地步。如果及时清醒,不再做出这样的自我期许,应该是一件可喜的好事。

(三)不惑已经很不容易,知道天命更加困难。要听得进去,又听得明白别人的话,真是非做到平心静气不可。大多数人,恐怕一生都修养不到这样的地步。

建议

按照孔子所说为学与进德的次序，逐渐要求自己。只要有进步，不必担心速度的快慢。

温故而知新

子曰："温故①而知新②，可以为师矣。"

主旨

孔子认为求学要有心得。

注释

①"温故"是温习原已习得的学识。②"知新"指悟出新的心得。

今译

孔子说："温习以前所学而能体悟出新的道理，可以做别人的师长了。"

引述

"温故"是方法，"知新"才是目的。没有正确的方法，很难达到目的。没有明确的目的，缺乏理想与目标，则温故不过是复习、温习，记得牢靠却毫无作用。只有温故而知新，才有资格为人师表。从旧的开创出新的来，虽然有变化，却不能够违背根本的道理。

新旧并不是辨别善恶的标准，新的不一定好，旧的也不一定不好。孔子的主张，是不必介意新旧，把重点放在善恶的区分上面。古今新旧并重，一律去掉不善的，固执善的。

现代人喜欢求新求善，常常误认为新的便是善的，至少比旧的好。这种喜新厌旧的心态，基本上就不正确。加上许多人迎合这种潮流，一天到晚标新立异，着实产生许多不利的影响。

自我要求

（一）新的意思，不完全是时间的变迁，偏重于新旧的差异。新的重点，是性质的改变，愈来愈合理。愈新愈好，才是我们所要的。愈新愈糟，那就是开倒车。虽然是新的，还不如旧的好，又有什么用？

（二）学过的东西，能够产生新的知识和体会，主要原因，是自己有所长进。反过来说，温故却不能知新，表示自己还没有长进，这时候要更加用心举一反三，更深一层地去认识，才是真正的温故。

（三）知新不一定完全来自温故，学习新的东西，也就是以前没有学过的，也叫作知新。终生学习就是不断地求取新知识，求得知新的扩展。一方面温故，另一方面知新，双管齐下，效果当然更好。

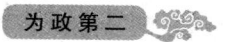

建议

不断温故知新,以求终生学习。务使自己活到老学到老,永远赶上时代而不落伍,生活才有乐趣。

学而不思则罔

子曰:"学而不思则罔①,思而不学则殆②。"

主旨

孔子认为"学"与"思"并重,不能偏废。

注释

①"罔"即迷惘。②"殆"指疑惑。

今译

孔子说:"只知道学习而不加以思索,将迷惘无所得;只靠思索而不学习,就会疑惑不解。"

引述

《论语》一开头,便指出"学天时习之",表示孔子十分重视学习,希望大家活到老学到老,养成终生学习的好习惯。

但是孔子所重视的学,和一般人有很大的不同。他认为只学不思,完全接受而不能加以判断,丧失自主性,不可能有什么成就,因此倡导学思并重,一方面接受他人的意见,一方面还需要自己思索、判断,求出合理的答案。

思有较浅的部分,如理解、分析、比较,也有较深的功夫,如体会、评判、融合。学的时候,最好配合着进行,以期获得良好的学习效果。

自我要求

(一)孔子这一句话,要和《述而第七》所说的"举一隅不以三隅反,则不复也"配合着理解。学的要领,应该是养成举一反三的习惯,从举一反三的思虑中,进一步理解和领悟,比较容易明白其中的道理。

(二)同时,也要和《学天第一》的"学则不固"合起来想。我们学习,主要用意应该是使自己多一些选择,而不固执一偏。"学则不固"的"学",指有思虑的学,经过深入的思虑,觉得是一种值得采用的参考意见,才列入"不固"的选择方案之中。

(三)从他人得来的东西,称为学。自己动脑筋去思索、探究、分辨和选择便是思。无思的学,实在很可怕。思而有得的学,才是有益于身心的学。特别是现代资讯发达,各种言论都可能出现,更加需要慎思明辨,然后才可以放心地实践。

建议

学到的东西,必须谨慎地经过深入的思虑,也就是养成想好了才接受的习惯,才不致受害。

知之为知之

子曰:"由①,诲②女(rǔ)知之乎?知之为知之,不知为不知,是知也。"

主旨

孔子告诫子路不要强称自己无所不知。

注释

①"由"姓仲名由,字子路,是孔子的弟子,出生于鲁国边境地区,小孔子九岁。②"诲"即教导。

今译

孔子对子路说:"仲由,我平日所说的道理,你都能知道吗?知道就说知道,不知道就说不知道,这才是真正的'知道'!"

引述

"知之为知之，不知为不知"，不能够像一般人那样，广泛地加以应用。孔子这两句话，有其特殊的前提条件，那就是指他所说的道理。因为孔子说道理的态度十分谨慎，所说的都是正确的道理，才能够知之为知之，不知为不知。反过来说，对于道听途说，未经明确判断的知识，不应该知之为知之，不知为不知，以免害人害己。

正知，才能够向他人传播；不是正知，应当视同不知。虽然已经知道，也要当作不知道，不可以胡乱传布。

虽然是正知，但是对当时的情境并无效用，或者并不适宜的，也要暂时列为不知，以策安全。

就算自己知道，若是遇到不应该或者不必要知道的人，也要假装不知道，不需要告诉他。从这样的主张推论起来，大众传播似乎更应该说妥当话，而不是单纯地说实在话，以免造成伤害，甚至于引起恐慌性的反应。

自我要求

（一）先把知识分成正知与非正知两类，确信为正知的，可以知之为知之，不知为不知。没有把握的，宁可装作不知道。别人要传布，是他的事，我们管不着。我们自己谨慎，是我们自己应有的态度。

（二）正知与非正知，实在很难讲。我们要订立自己的标准，想妥分辨的原则，然后逐步去尝试和判断，以期愈来愈明确。

（三）一般来说，读圣贤书，只要不扭曲原本的意思，不胡乱添加自己的意见，应该是正知。我们的意思是，经过长时间的考虑，大概没有什么问题。

建议

不要胡乱更改成语，更不应该乱用成语，以免久而久之，大家搞不清楚成语的用意，反而造成严重的沟通障碍。

八佾第三

是可忍，孰不可忍

孔子谓季氏："八佾①（yì）舞于庭，是可忍也，孰不可忍也？"

主旨

孔子评论季氏僭用礼乐，乱了名分。

注释

①"八佾"指天子所用的乐舞，以八人为一列，八列共六十四人。诸侯六佾四十八人，大夫四佾三十二人，士二佾十六人。季氏身为大夫，在宗庙作八佾舞，显然僭用礼乐。

今译

孔子评论鲁国大夫季氏："身为大夫竟僭用天子八佾舞，像这种人，如果我们都可以容忍，那还有什么人不能够容忍呢？"

引述

　　我们常说有人才有事，其实是以人为本，纯粹站在人的立场来说明。世间万物，都可能产生一些表现。换句话说，都有事，只是自然的本能表现，不足以列入历史的记载，好像没有事一样。人所做的事，如果庸庸碌碌，也不值得评论，不会列入历史。中国的历史，采取人本位的立场，重人甚于重事。季氏这个人，和他所做的事，显然是人比较重要。所以，我们不能容忍的是季氏这样的人，而不是他所做的事。因为他所做的事，如果换成天子，就没有什么不对。现在他是大夫，做这种事便不对。孔子不能容忍的是季氏，而不是八佾舞这件事。

自我要求

　　（一）对的人做对的事，不但指别人，而且要反省自己，是不是真的做到了。自己的身份、地位，以及当前的情况，应该做什么样的事，不应该做什么样的事，必须先搞清楚，然后才决定要不要做、怎样去做。

　　（二）个人的事，不但可以影响别人，而且可能扩大到影响后代子孙。所以越有地位的人，影响力越大，越需要自我检点，做好自律的功夫。

　　（三）由所做的事，来评断这个人的过错。但是评断之后，人比事更重要，因为会做这样逾越规矩的事，很可能在其他方面，也有不合乎规矩的举动。孔子这样论断季氏，提醒我们，凡事多检点，以免产生同样的不良后果。

建议

别人会从我们的行事作风,来评断我们。最好谨慎小心,避免做错事或做不正当的事,以免遭受他人恶评。

君子无所争

子曰:"君子无所争,必也射乎!揖让而升①,下而饮②,其争也君子。"

主旨

孔子劝导世人要礼让,不要有意气之争。

注释

①"揖让而升"是指古时的射礼。二人并进,互相三揖以示尊敬,然后才升堂竞技。②"下而饮"指全部射完后,胜的人先向败的人揖让,然后才升堂,取觯立饮。

今译

孔子说:"君子没有什么与人相争的。就算在行射礼时,也要先互相作揖行礼,然后升堂射箭。射完后,又相互作揖走下堂,最后胜的人向败的人作揖并升堂饮酒,这样的竞争也算是君子之争。"

引述

现代人喜欢说：这是个竞争的时代。好像样样都需要竞争，时时都在竞争。实际上我们是懂得礼让的民族，可以用让来争，争得好像没有争一样。这是一种修养，只要心诚气和，便是礼让和竞争的结合，大家不妨试着去实施。

然而，射箭的场合，可以说比较特别。射得中目标与否，是十分明显的结果，不能故意射不中目标，否则失去射箭的本意。在这种情况下，我们也以特别重视比赛的礼制，来降低竞争的气氛，务求在和谐中比出高低，虽然有胜负，也不会伤了和气。

自我要求

（一）谦虚为怀的君子，基本上不会跟人家竞争，因为有竞争就必然分出胜负高低，不可能不伤害彼此的感情。我们把不争之争，当作一种生活艺术，用不争来争，当然比公然竞争要来得高明。

（二）不争之争，意思是自己不断充实，增强实力，就不怕别人来竞争。换句话说，多同自己竞争，要求自己一天比一天更精进，不要样样都要跟人家比，以免人比人气死人，最后自己气死自己。

（三）实在要争，非争不可的时候，保持君子风度，在比赛过程和结果分出胜负，都应该谦虚有礼，丝毫没有志得意满的骄傲样子，以免伤害彼此之间的感情。

建议

现代的生活形态，时时都在竞争，好像样样都要竞赛，我们最好比照"其争也君子"的风度，务求不论胜负，不伤和气。

乐而不淫

子曰："《关雎》①，乐而不淫②，哀而不伤③。"

主旨

孔子赞美《诗经·关雎》的作者性情中正。

注释

①"《关雎》"是《诗经》的首篇。②"淫"指乐得过分而失其正，有太过的意思。③"伤"即哀得过分而害于和，同样是一种过分的反应。

今译

孔子说："《关雎》这首诗，表现得快乐不至于过分，悲哀也不至于伤神。"

引述

《诗经》原本只称为"诗",收集三百零五篇诗歌。古人为了表达胸中的情意,通过诗歌来表达,所以叫作"诗"。

《关雎》被列为"诗"的首篇,描述一位姑娘引起一位男子的爱慕之情。其中有欢乐也有悲哀的过程,但是表现得十分恰当,既没有过分的欢乐,也没有伤神的悲哀。孔子对于《关雎》的词句和音乐,都十分欣赏。

"淫"的意思是多而过度。"乐而不淫",表示乐不应该过度,以免乐极生悲。过度的欢乐,便是现代人常说的狂欢,对身心都是一种伤害,最好加以避免。

自我要求

(一)男女互相爱慕,由追求、恋爱到结婚,原本是人之常情。在此过程中,难免有欢乐也有悲哀,只要不过分,不至于伤害身心的健康,也不至于妨害正常的生活,应该是人生的一种谋合吧。

(二)追求异性朋友,当遇到障碍时,每每翻来覆去,睡不着觉。而当接近时,又觉得无比欢乐。只要出自真诚,彼此真心相对,无论如何不要过度,总是纯洁而自然的,十分可贵。

(三)现代人若是轻易跨越这样的过程,直接试婚、同居,实际上是自己毁掉了一段美好的人生经历,对不起自己,也很容易伤害别人。

建议

重视男女之间的友情和爱情，不要轻易跨越，最好循序渐进，并且确保两者的分界线，以策安全。

既往不咎

哀公问社①于宰我②。宰我对曰："夏后氏以松，殷人以柏，周人以栗，曰：'使民战栗③。'"子闻之，曰："成事不说，遂事④不谏，既往不咎。"

主旨

宰我妄言不知道的事，孔子责备他。

注释

①"社"指社主，即土神。古代祭祀土神，立一木制牌位，把牌位称为主。②"宰我"是孔子的弟子，本名宰予，字子我，经常言行不一致，令孔子很伤脑筋。③"战栗"是恐惧的样子。④"遂事"指遂行的事，也就是已经做了的事。

今译

鲁哀公问宰我制作土神主牌应该用什么样的木头，宰我回答说："夏代用松木，殷代用柏木，周代用栗木，意思是要人民产生战栗的感觉。"孔子听到后，责备宰我的回答，说："已经做了的事不用再解释，已经完成的事不能再挽救，已经过去的事不便再追究。"

引述

孔子主张过去的事，如果没有办法挽回，最好不要追究。现在宰我说了这些不符事实的话，孔子深深责备他，是不是违背了自己的原则呢？当然不是。宰我对于鲁哀公的询问，给了错误的答案，这方面既成事实，难以挽回，孔子不会因此而责备他。这三句话的用意，应该是提醒宰我以后说话，必须备加小心，以免再次发生类似的错误。

自我要求

（一）对于自己不了解的事实，不要随便乱说，以免误导他人。既然说了，成为事实，再责骂他，也不能补救已经造成的错误；但是，如果自己犯了这样的毛病，最好下定决心，下次不再犯了。

（二）孔子在事后听说宰我胡乱解说哀公所提的问题，不愿意直接批评宰我的错误，避免造成更不好的后果。这是老师爱护学生的一片至情，但是他仍然提出三点原则："成事不说，遂事不谏，既往不咎。"表示他对宰我的事情，是有所批判的。

（三）我们不能把孔子这三点原则，当作乱说、乱做的挡箭牌，来掩饰自己的错误言行，却可以仿效孔子的态度，来宽待他人的缺失。这种严于律己、宽以待人的心态，值得培养。

建议

自己力求不要乱说话，对于别人乱说话的事实，自己不要受到影响，也不必大加指责，好像抓住机会便不放过他。因为自作自受，每一个人迟早都必须为自己的言行，负起完全的责任。

尽善尽美

子谓《韶》①："尽美矣，又尽善也。"谓《武》②："尽美矣，未尽善也。"

主旨

孔子论《韶》《武》两乐的不同。

注释

①"《韶》"指舜时的舞乐。②"《武》"是周武王时的舞乐。

今译

孔子评论虞舜时的《韶》乐："声调十分美盛，内容十分完善。"评论周武王时的《武》乐:"声调十分美盛,内容却并不十分完善。"

引述

孔子使用"善"字,大多和道德有关。善性就是美好的道德本性,所以善包含美,而比美更为重视道德。

虞舜和周武王,都是孔子赞美的对象,但是相比较之下,虞舜时代的舞乐,其道德标准高于周武王时代。这正是孔子十分担忧的情况,因此作出这样的评比。

自我要求

(一)音乐重在和谐,和谐即是美;但是,音乐除了美之外,更应该追求道德、心灵的善。唯有尽善尽美,才能显出音乐的最高精神。

(二)现代人的歌舞,只求美,不一定求善,这是退步,不是进步。艺术界一味求新求变,却不能在善的方面多加照应。这引起大家深思,才有改善的可能。

(三)艺术界要怎样发展,我们不便置评,但至少我们可以先建立正确的欣赏标准,筛选我们所需要的音乐、舞蹈和各种相关的节目。在善的方面,建立某些评鉴的准则,应该是必要的措施。

建议

把品德修养当作为人处世的根本,无论音乐、舞蹈还是其他各种娱乐,都不能例外。

里仁第四

里仁为美

子曰："里仁为美①，择不处②仁，焉得知（zhì）？"

主旨

孔子教人慎重选择居处。

注释

①"里仁为美"指乡里有仁厚的风俗是美好的事。②"处"即居住的处所。

今译

孔子说："居住的乡里有仁厚的风俗才好。如果选择住在风俗不仁厚的地方，怎能算是明智呢？"

引述

孔子这一句话，初看起来，似乎在教导我们慎重选择居住的处所。实际上，更深一层的用意，在于唤醒大家：做人的道理有如居住的处所一样，有好几种。如果选择做人的道理，不知道选择仁，岂不是和选择住处不以仁厚的风俗为重一样，同样是不聪明的决定。

自我要求

（一）居住的环境，对人的影响很大。风俗仁厚，大家和谐相处，互助互惠，对全家老少都是一种难得的福分。

（二）做人的道理，直接决定为人处世的态度。选择仁德的道理，才算是有智慧的人。彼此讲求德行，自然安宁。

（三）居住的环境风俗仁厚，做人的道理以仁为重。有这样的邻里，才是适合大众居住的社区，和谐而安宁。

建议

一个人的命运，其实就是这个人自己的选择。一连串的选择正确，运气真好；假若选择错误，那就惨了。培养自己的选择能力，便是为自己带来好运气。

能好人，能恶人

子曰："唯仁[①]者，能好（hào）人，能恶（wù）人。"

主旨

孔子说仁者无偏私的心。

注释

①"仁"是孔子学说的中心思想,"能好人,能恶人",只是其中的一部分,并不是"仁"的总体。

今译

孔子说:"只有仁者能公正地喜爱人,也能公正地厌恶人。"

引述

"仁"的意思,简单说起来,就是爱;但是仁爱不同于博爱,并不是没有等级区分地一视同仁。仁者可以喜爱人,也可以厌恶人,只要好其所当好,恶其所应恶,便是合理的表现。爱人爱得对,恶人也恶得对,需要公正的标准,而不是私心的偏向。公正无私的好恶,便是仁者。

爱是"仁"的核心意义,却不能完全代表"仁"。孔子把"仁"看成各种美德的总称,"能好人,能恶人",不过是其中的一部分。除此之外,还要参考其他篇章有关"仁"的解说,合在一起想,逐步深入领悟,才能真正了解孔子所说的"仁"。

自我要求

(一)孔子的思想,以"仁"为中心。但是仁必须合义,可以说仁义是孔子的思想核心。"义"便是公正合理,所以爱人要爱得公正,厌恶人也要厌恶得合理。

(二)仁者不应该成为滥好人,有喜有恶,才合乎人情。孔子重视伦理，主张有等差的爱，由亲及疏，由近而远，和博爱有些不一样。

（三）仁者心中有一把尺，便是道德的衡量标准。爱恶全凭这一把公正的尺，而不是从私心出发，乱了尺度。

建议

培养自己爱其所当爱、恶其所当恶的良好习惯。

朝闻道，夕死可矣

子曰："朝①（zhāo）闻道②，夕死可矣。"

主旨

孔子勉励人要有求道的决心。

注释

①"朝"为早晨。②"道"指事物当然之理。

今译

孔子说："一旦有机缘领悟真理，就应该把过去的缺失视为昨天晚上，已经成为过去，重新做人。"

引述

这里所说的"道",应该是明白做人做事的道理。古圣先贤,原本传下来许多做人做事的根本道理;但是孔子生在纷乱的春秋时代,亲眼看到那个时候的人,国君不像国君,臣子不像臣子。一般人,也不重视古圣先贤的道理,所以有感而发,才会说出这一番语重心长的话来。

"夕死"的意思,可以解释为"昨天的过错,好比昨天晚上,已经死掉(过去)了"。今天早晨明白道理,昨天所犯的过错,不妨把它当作像昨天晚上那样,不必后悔,也用不着念念不忘,及时改过,务求今是昨非,也就好了。

"道"的意思,除了做人做事的道理以外,还可以解释为"生死的价值"。我们一旦明白死有轻于鸿毛,也有重于泰山的不同价值,应该死的时候,就算是今天晚上,我们也会心甘情愿地从容就义,死而无憾。这才是"朝闻道,夕死可矣"的最高尚情操。

自我要求

(一)人生在世,最重要的便是做人做事的道理。不幸的是,现代人偏重于各色各样的知识,对古圣先贤的道理,不是充耳不闻,便是十分忽视。孔子这一番话,对于现代人来说,实在有如警世的号角。

(二)我们活着的时候,不知道自己从哪里来,我们死时,不知道要到哪里去。在生和死之间,在十分有限的生命里,为了求生存、求爱情、求名利、求快乐，承受各种威胁、压迫、苦恼、艰难与不幸。这样的人生值不值得？实在值得我们深思。

（三）人生的意义是什么？价值何在？这些做人做事的道理，是不是应该花一些时间，尽一点心力，来加以探讨和了解？何况古圣先贤，早已提供给我们很多知识，告诉我们有效的途径，为什么大家很少去理会？然后又感叹人生烦恼多，做人很辛苦，岂不是十分矛盾？

建议

想一想，什么叫作闻道？怎样才叫作谋道？人真的能够弘道吗？为什么大家喜欢有道，而厌恶无道？看看自己对道，到底有多少认识。

吾道一以贯之

子曰："参①乎，吾道一以贯之②。"曾子曰："唯③。"子出，门人问曰："何谓也？"曾子曰："夫子之道，忠恕④而已矣。"

主旨

孔子与曾子讨论忠、恕的道理。

注释

①"参"是曾子的名。孔子直接叫弟子的名,表示亲切。②"吾道一以贯之",我所说的道理,可以用一个最重要的道理来加以贯穿统一起来。③"唯"就是"是"的意思。④"忠恕",竭尽自己的才能,称为忠,推己及人叫作恕。

今译

孔子说:"参呀,我讲过的所有道理,可以用一个最重要的道理贯穿起来。"曾子回答:"是的。"孔子出去后,别的同学问曾子:"是什么意思呢?"曾子说:"夫子的道理,就是忠、恕两个字罢了。"

引述

忠于自己的人,对自己的事情都能够尽心尽力去做,当然有良好的成果。忠于职守的人,对分内的工作,必然尽心尽力,做出良好的效果。

对别人宽恕的人,能够设身处地体谅别人的苦衷,包容别人的缺失,原谅别人的过错,并且进一步帮助别人,促进共同的进步。

把忠恕的精神应用到各个方面,就等于用忠恕的道理,来贯穿孔子所说的所有道理,连接起来而不产生矛盾了。实际上孔子对曾子这一番话,不一定赞成;但是曾子比孔子年轻太多,孔子不忍心苛求,也就不加以置评。

自我要求

（一）孔子所说的道理，有时候因人而异，以致前后不一定相同；但是具有一贯的系统，彼此并不矛盾，当然更不会互相冲突。为了使大家更加明了起见，他用忠、恕两个字来加以贯穿。

（二）曾子所说的"忠恕"，就是孔子所说"一以贯之"的"一"。如果真的要简约成一个字的话，很可能就是一个"恕"字。原则只有一个，那就是"己所不欲，勿施于人"。实际上孔子所说的"一"，很可能是"太极"，可以概括所有事物。

（三）西方人喜欢说"人家如何对待我们，我们就应该同样对待人家"，含有"恕"的味道，却始终未能提出"恕道"。他们说出这样的话，至少比孔子晚五百年。

建议

先从《为政第二》所说"攻乎异端，斯害也已"做起，培养容纳不同意见的雅量，再求"己所不欲，勿施于人"，并进而"不独亲其亲，不独子其子"，以体会和实践恕道。

见贤思齐

子曰："见贤思齐①焉，见不贤而内自省也。"

主旨

孔子教人要反求自己。

注释

①"思齐"指想要和贤者一样。

今译

孔子说:"看到贤德的人就想要和他一样,看到不贤的人,就要自我反省是否有和他一样不好的行为。"

引述

圣贤由修养而来,所以人人都需要修养。最好的方式,便是把别人当作一面镜子,看到别人的言行,就反过来看看自己。比自己好的,想办法向他学习,以求努力赶上;比自己差的,看看自己有没有和他同样的缺点,有则赶快加以改正。这样不断自我精进,应该能够修养得和贤者一样。当然,先决条件,还是要有向贤者看齐的志气。

见贤思齐,并不是样样都要向贤者看齐,更不是样样都要比别人高明。人有个别差异,各有不同的倾向,不必也不能勉强求其相同。所以,我们把见贤思齐界定在品德修养方面,因为品德修养并不因人而异,是可以共通的。

自我要求

（一）见贤思齐，大部分指品德修养而言，因为品德修养和专业没有什么关系，属于人人共通的素养，大家都可以学。

（二）至于知识、技术方面，不能说样样都可以见贤思齐，必须在相同或相关的领域，才能够向比自己高明的人学习。完全不同的领域，有时候很难强求，有一定的难度。

（三）不论贤还是不贤，对于自己来说，都具有反省的作用。觉得自己不如人的地方，检讨改进；认为不如自己的地方，自我加强。主要的作用，不在于和别人比，而在于自我提升。

建议

看到自己，必定想想别人，才不致自私自利。看到别人，反过来想想自己，可以帮助自己长进。这样一来，任何事物对自己的修养都有相当助益，千万不要轻易放过。

父母在，不远游

子曰："父母在，不远游①，游必有方②。"

主旨

孔子认为让父母知道自己的状况和去处，才能安心。

注释

①"远游"指出远门。②"方"即方向、方位。

今译

孔子说:"父母亲在世,子女不要出远门,真的有需要,也必须告诉父母明确的去处。"

引述

子女的安全和健康,是父母最为关心的问题。子女现在哪里,状况如何,最好让父母知道,以免他们担心。

父母健在的时候,最好不要远行,一家人朝夕相处,才能互相关照。确属有必要远行,应该事先向父母禀告。到了目的地,应该打电话回家,问父母安好,报告自己的情况。不使父母担忧,是为人子女的一点孝心,尤其在离家外出的时候,更应该如此。

自我要求

(一)从小养成外出和回家都向父母禀告的习惯,进而时时遇有大事或要事,都不使父母担心。使父母安心,是子女应尽的责任。

(二)现代外出的概率很大,必须事先向父母禀告,保持定期联系,并报告近况。最好留下联络电话,以便随时联络,互通信息。

（三）父母在为什么不远游？因为父母无时无刻都在想念子女，并不是希望占有或控制子女，或者把子女当作防老、养老的工具，而是一种纯洁自然的亲情。子女以"不远游"或"游必有方"来回报、成全父母的爱，是一种对父母的尊重和敬爱。

建议

子女尽可能侍奉在父母的身边，一家人团聚欢乐，才有家的乐趣。若是为了学业、事业的需要而不能侍奉，应该常保持联系，定期欢聚，或者把父母接过来住在一起。

公冶长第五

朽木，不可雕也

宰予①昼寝②。子曰："朽木，不可雕也；粪土之墙，不可杇（wū）也③。于予与④何诛？"子曰："始吾于人也，听其言而信其行；今吾于人也，听其言而观其行。于予与改是。"

主旨

孔子痛责宰予与言行不一的人。

注释

①"宰予"姓宰名予，字子我，又称宰我，是孔子的弟子。②"昼寝"指白天睡觉。③"不可杇也"即不可粉饰。"杇"是涂抹的意思。④"与"是语助词，没有意义。

今译

宰予大白天睡觉。孔子说："腐朽的木头不能雕刻，肮脏的土墙不能粉饰。对于宰予，不值得责备啊！"又说："原先我对任何人，听他的话就相信他的行为；现在我对任何人，听他的话还要观察他的行为。就是因为宰予，才使我改变了态度。"

引述

　　宰予是孔子的弟子当中，口才很好的一位，平日说得头头是道，好像很懂得道理。不料大白天睡觉，被孔子指责一番。孔子又趁机说出一些感想，来加强对宰予的印象。

　　孔子这两段话，也不一定是同时说的，因为前面那一段话，对宰予已经够严厉了，用不着紧接着穷追猛打。如果是这样的话，恐怕宰予会承受不了的。

　　这两段话，有十分紧密的连续性，前后对应着看，更能够彼此呼应，使我们更加明白，不按照正常的作息时间，不但对健康有害，而且也容易浪费宝贵的时间。

自我要求

　　（一）天是大宇宙，人是小宇宙，想要天人合一，最好日出而作，日落而息，依循自然规律而生活。早睡早起身体好，白天不宜睡觉，以免浪费时间，应该是千古不变的生活规律。

　　（二）若是为了工作的需要，不得不改变作息时间，我们也不必加以责怪。勉强求一致，也是不合理的要求，把它当作例外，尽量避免就好。

　　（三）"听其言而观其行"，是一种比较实际的知人方式。言行一致的人，当然值得信任，否则听听就算了，不必认真。

建议

对人要听其言而观其行，对自己要力求言行一致，建立自己的信用度。

敏而好学，不耻下问

子贡问曰："孔文子①何以谓之'文'②也？"子曰："敏而好学，不耻下问③，是以谓之'文'也。"

主旨

孔子解释孔文子谥"文"，是因为他勤学好问。

注释

①"孔文子"姓孔名圉（yǔ），卫国大夫，死后追谥为"文"。②"文"，《逸周书·谥法》："学勤好问曰文。"③"不耻下问"指不以下问为耻。"下问"即询问地位比自己低的人。

今译

子贡问："孔文子为什么会谥为'文'呢？"孔子说："他聪敏而爱好学问，不以向下属请教为耻，所以被谥为'文'。"

引述

卫国大夫孔圉,天资很高,能做事,又喜欢研究学问,像这样的人,通常都自视甚高,看不起他人,有人劝他,大概也听不进去;但是孔圉不是这样,他肯向身份地位不如他的人请教,而且不觉得没有面子,实在十分难得。所以孔圉死后追谥为"文",可以说当之无愧。

自我要求

(一)自认为比别人高明,就容易自满自大,有人提出建议不屑一顾,向人家请教会觉得没有面子。这样下去,越来越孤独,越来越固执,而不进则退,终究会难以赶上时代而遭到淘汰。

(二)"不耻下问",已经成为一种良好的修养。其实隔行如隔山,人人各有所长,哪里有什么耻不耻的问题?应该改为虚心请教更为合适。

(三)"文"的意思是勤学好问,孔子把它分开来说明,说成"聪敏好学",加上"不耻下问",使我们更加明白。孔圉凭这两个优点,追谥为"文",是十分恰当的。

建议

人人勤学好问,社会自然和谐。从自己做起,自然互相感应,共同进步。

君子之道

子谓子产①："有君子之道四焉：其行己也恭②，其事上也敬，其养民也惠③，其使民也义④。"

主旨

孔子称许子产的行为，有很多合乎君子的道理。

注释

①"子产"姓公孙名侨，字子产，是郑国的大夫。②"恭"即谦逊。③"惠"是给予恩惠的意思。④"义"指合理、合宜。

今译

孔子评论子产，说："他有四种行为合乎君子为人的道理：待人的态度很谦逊，事奉君上很诚敬，抚养民众有恩惠，使用民力很得宜。"

引述

郑国大夫子产，比孔子年长，也是孔子敬重的人士。他对子产的四大优点——待人恭敬谦逊、事君谨慎尊敬、养民恩惠有加、使民合乎时宜，十分推崇，认为合乎君子之道，值得从政的人学习。

自我要求

（一）君子从政，老百姓自然有福。孔子倡导仁政，期望从政的人能够实践君子之道，把君子的作风表现在为人民服务的实际过程中。

（二）孔子赞扬子产，用意在唤醒当时的从政者发扬君子的精神，因为政治攸关人民的生活，对大家都十分重要。

（三）现代化的政治，同样需要君子之道。自己的行为谦恭有礼，对上级诚实恭敬，用心安养百姓，合理运用民财民力，仍然需要合用。

建议

君子之道对每一个人都有帮助，不论什么行业、职业，最好都能够实践君子之道。

善与人交，久而敬之

子曰："晏平仲[①]善与人交，久而敬之。"

主旨

孔子赞美晏平仲善于交友。

注释

① "晏平仲"即齐国大夫晏婴，字仲，谥平。

今译

孔子说："晏平仲善于和朋友往来，彼此相处愈久，别人愈尊敬他。"

引述

人类是群居的动物，单打独斗很难完成事情，所以结交朋友十分重要。曾子每日三省，其中有一条"与朋友交而不信乎"（《学天第一》），可见朋友的重要性。晏婴的人际关系良好，使他获得许多助力，办起事来格外顺利，所以孔子十分赞赏。

自我要求

（一）朋友相处，贵在互相尊重。长久获得朋友的尊敬，可以证明自己的交友之道，相当值得朋友赞赏。

（二）与朋友相处，最要紧的是不让朋友吃亏。如果常常让朋友吃亏，朋友必然离他远去。长久让朋友吃亏，相信没有人愿意忍受。

（三）反过来说，不要占朋友的便宜，才是长期保持友谊的要诀。礼尚往来，最好取得相当的平衡，以求长久。

建议

检讨自己的人际关系，设法加以改善。

三思而后行

季文子①三思②而后行。子闻之,曰:"再,斯可矣③。"

主旨

孔子认为思虑过多,有时候会耽误要事。

注释

①"季文子"姓季孙,名行父,谥"文",鲁国的大夫。②"三思"即考虑很多。③"斯可矣"中的"斯"为就的意思,"可"是可以的意思。

今译

季文子做每件事都再三考虑然后才做。孔子听到后,说:"再考虑一次,就可以了!"

引述

我们常说"三思而后行",便是受到季文子凡事预先考虑的影响。孔子这一番话,并没有反对的意思,否则三和二有什么分别呢?三和二都代表多,如果一定要固定下来,不论坚持三或务必二,岂非都是各偏一端的成见?

孔子的意思是三思而行固然很好,再考虑一次就决定,有时也可以争取时效。弹性应用,不是更好吗?

季文子太呆板了,每一件事,都坚持三思而后行。孔子为了提醒大家,不一定每一件事都需要这样,应变力要更强,所以才有这样的感慨。

"再"的意思可以用"反过来想"来体现,正面想一想,再反面想一想,然后找出此时此地的合理点,应该是合理的思虑方式。

自我要求

(一)不想就动,既鲁莽又冲动,势必经常闯祸。三思而行,有时候顾虑太多,反而优柔寡断,既耽误时间,又显得不够果断,很难成事。

(二)有些事一想再想,便可以决定;有些事三思而后行,比较妥当;有些事三思还不够,只要有时间,何妨暂时缓一缓,再仔细想想。这样处理事情,十分老到。

(三)说做便做,除非迫在眉睫,非马上行动不可,否则再一次思虑,应该是必要的。稳当一些,又不耽误时间,为什么不确保安全呢?

建议

凡事先想一想,必要时再想一次。需要三思的,也不能轻易决定。

雍也第六

不迁怒，不贰过

哀公问："弟子孰为好学？"孔子对曰："有颜回者好学，不迁怒①，不贰过②，不幸短命死矣！今也则亡③，未闻好学者也。"

主旨

孔子称许颜回好学，也惋惜他英年早逝。

注释

①"不迁怒"即不会将心中的愤怒发泄到无关的人身上。"迁"就是移的意思。②"不贰过"指不会犯同样的过错。"贰"即重复。③"亡"同"无"。

今译

鲁哀公问："你的学生当中，哪一个最好学？"孔子回答："颜回。他很好学，不会将心中的愤怒发泄到无关的人身上，从来不会犯同样的过错，不幸短命死了。现在没有这样的学生，再也没有听说有这样好学的人。"

引述

　　这里所说的学，重在品德修养方面，所以特别提出"不迁怒"和"不贰过"。

　　不迁怒的意思，有三层意义，由浅而深分别是：第一层意义，是不把心中的愤怒发泄到不相关的人身上，令人觉得承受无妄之灾；第二层意义，是一个人犯了一次错误，只能就这一件事加以责备，不应该因此全盘否定这个人的所作所为，令人觉得被算总账而承受不了；第三层意义，却是十分困难，那就是想要发怒时，便能够及时化解，用其他的方式来取代。这种发怒于无形，实属不易。

自我要求

　　（一）人非圣贤，孰能无过。这一句话的警戒意味远大于叙述事实，我们不能用来放松自己，原谅自己，甚至于放纵自己。力求不犯错，才是积极的态度。

　　（二）万一犯错，必须深刻反省，吸取教训。不能够一错再错，以免形成坏习惯，而积重难返。

　　（三）不迁怒，十分重要，最好由浅而深，一层层要求自己。先记住：他人是无辜的，没有义务成为我们的出气筒。一个人犯错，应该由他自己去承担后果，现在却由他人来承担恶果，当然没有必要。

建议

以不迁怒、不贰过为目标，从今天开始，不断要求自己，务必要切实做到。

不堪其忧，不改其乐

子曰："贤哉，回也！一箪①（dān）食，一瓢饮，在陋巷②，人不堪③其忧，回也不改其乐。贤哉，回也！"

主旨

孔子赞美颜回安贫乐道。

注释

①"箪"为竹器，可盛饭。②"陋巷"有如陋室。③"堪"即忍受、承当。

今译

孔子说："颜回真贤良啊！吃一小筐饭，喝一瓢水，住在简陋的小房子里，别人受不了这种贫苦，颜回却不改变他行道的乐趣。颜回真是贤良啊！"

引述

　　君子谋道不谋食，不因为物质条件低劣而忧愁丧志。颜回做到了，在实际生活中真实地表现出来。孔子赞美他，认为他有资格称为贤良。

　　颜回住在简陋的小房子里，不但不忧愁，不觉得苦，反而生活得十分快乐。这是什么道理？他所乐的，是内心充满了仁义礼乐，不致受到外界环境的影响。

自我要求

　　（一）由仁义礼乐而来的乐，是每一个人都能够经由不断地修养而得的。我们如果想要仿效，只要努力修炼自己，人人都做得到。

　　（二）孔子只主张安贫乐道，并没有要求大家乐贫。乐于贫穷，好像有消极的、不争气的味道。安于贫穷，表示不反对富裕，也不以富有为耻辱，完全没有反富、仇富的念头。

　　（三）在穷困的生活当中，仍然乐于行道，不觉得困苦，实在是难能可贵。孔子的意思，并不是鼓励我们过颜回那样的生活，而是激励大家学习颜回安贫乐道的精神。

建议

　　千万不要把物质享受，列为人生追求的第一要事。

文质彬彬

子曰："质①胜文②则野，文胜质则史③。文质彬彬④，然后君子。"

主旨

孔子认为君子必须文质均衡。

注释

①"质"指未经雕琢的本质。②"文"为外在的文饰。③"史"指浮夸、虚假。④"彬彬"指文与质的配合很恰当。

今译

孔子说："一个人如果内在的实质胜过外在的文饰，就会像个粗鄙的野人；如果外在的文饰多过内在的实质，就会显得浮夸虚假。实质和文饰调合适当，便成为君子。"

引述

一个人的内在和外表都十分重要，前者指学问、道德，后者指口才、仪态。学问好，道德修养高尚，却拙于言辞，表达能力欠佳，态度也不好，给人呆板、粗野的印象，并不良好。反过来，口才好，仪表也堂堂，却缺乏内容，品德也不好，给人的印象，还不是浮夸、虚假？

只有内外兼修，双方面配合良好，才算是君子。

自我要求

（一）忠厚老实，却不知礼节，常常闹笑话，被人讥笑为乡下佬，是不是很失礼？口若悬河，却空洞无内容，徒然浪费大家宝贵的时间，是不是令人厌恶呢？

（二）实至名归，表里一致，才是名实相副的君子。文质彬彬的意思，是内在和外表配合得很恰当，值得大家努力，做好自我调整。

（三）现代社会到处可见这样的人，他们口若悬河，貌似口才良好，实则言之无物，内容空洞，甚至于宣扬一些毫无依据的东西，错得离谱，还自以为是。我们必须提高警觉，用心筛选资讯才好。

建议

在信息时代，应学会慎选信息。自己也要特别小心，不要道听途说便信以为真，或不经求证便任意传播。

知者乐水，仁者乐山

子曰："知（zhì）者乐①水，仁者乐山；知者动，仁者静；知者乐，仁者寿。"

主旨

孔子剖析智者与仁者的不同性情。

注释

①"乐"即喜好。

今译

孔子说:"智者爱好水,仁者爱好山;智者进取好动,仁者寡欲好静;智者快乐,仁者长寿。"

引述

水象征流动,和事理的通达,有异曲同工之妙。智者思虑不断,源远流长,所以喜爱流水,永不停息。

山象征不移,和义理的永恒不变,彼此呼应。仁者重视内在的修养,几乎是亘古不变,所以喜爱山的坚定。

知识不停地增进,不断地发展。智者如逆水行舟,不进则退,因此进取好动,带来无比的快乐。

品德修养的要求,万古常新,不应该任意加以变动。仁者清心寡欲,在安静中反省,以提升自己,自然长寿。

自我要求

(一)仁者和智者,各有所长。我们学习仁者的安于义理,仿效智者的通达事理,既长寿又快乐,岂不是一大好事?

（二）眼前的山川，景色十分美丽。抬头看山时，要提醒自己，不要随意改变品德标准，以免人类日趋下流。低头看水时，也要提醒自己，不终生学习，终将落伍，而赶不上时代的发展。

（三）不要破坏环境，浪费资源，以免山不见了，水也不流了，严重地影响人类的生存；否则那时候乐山乐水，都将成为不可能的事，快乐和长寿，也就跟着没有指望了。

建议

好山好水，要靠大家一起努力，用心加以维护。

己欲立而立人

子贡曰："如有博施①（shì）于民，而能济众，何如？可谓仁乎？"子曰："何事于仁②，必也圣乎！尧、舜其犹病诸！夫仁者，己欲立而立人，己欲达而达人。能近取譬③，可谓仁之方④也已。"

主旨

孔子教导子贡应从心、体方面去求仁。

注释

①"博施"是广施恩惠的意思。②"何事于仁"指此事

何止于仁而已。③"能近取譬"指就近拿己身做例子,来为别人设想。④"方"即途径、方法。

今译

子贡说:"如果有人能广博施恩给别人,又能普遍救助大众,怎么样?可算是仁者吗?"孔子说:"何止是仁者,那必定是圣人了!尧、舜尚且还有些做不到呢!所谓仁,己身想立道,也想使别人能立道,己身想行道于世,也想使别人能够行道。能够就近拿己身做例子,来为别人设想,可以说是求仁的方法了。"

引述

孔子的仁道,除了颜回以外,曾子的体悟,应该是十分深刻的。曾子说:"夫子之道,忠恕而已矣!"(《里仁第四》)可以和"己欲立而立人,己欲达而达人"相对照。己立己达便是忠,立人达人即为恕。孔子说这是求仁的方法,可见仁和忠恕,是一以贯之的。

能够把忠恕的道理,从自己的身上向外扩展,当然不只是仁道的君子,简直就是圣人。所以孔子虽然十分敬重尧、舜,却说尧、舜也难以达到这样的地步。

孔子所说的"仁",有时候指爱他人,有时候指爱自己,也有些时候兼指爱他人和爱自己。这里所说的"己欲立而立人,己欲达而达人",便是兼顾自己和他人。"己欲立"与"己欲达"是爱自己,"立人"与"达人"则是爱他人。

自我要求

（一）凡事将心比心，推己及人，不必依凭固定的标准，不需要任何教条，也能够不断提升自己的道德修养。

（二）己所不欲，勿施于人，可以说是消极的预防，属于恕道。己欲立而立人，己欲达而达人，显然是积极地行仁，必然是忠的推展。

（三）将心比心，是心与心的感应。将自己的爱意，顺着血缘、亲族的关系，逐渐推进，当然可以推己及人。

建议

培养心与心的感应能力，体会将心比心的乐趣。

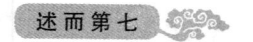

述而第七

学而不厌，诲人不倦

子曰："默而识①（zhì）之，学而不厌，诲②人不倦，何有③于我哉？"

主旨

孔子自述努力做好的三件事。

注释

①"识"即记住。②"诲"是教导的意思。③"何有"表示没有什么。

今译

孔子说："把所见所闻默记在心里，努力学习而不厌弃，教导学生而不觉得倦怠。这些事情对于我来说，实在是不足称道的。"

引述

孔子一生，大部分时间从事教育工作。他最喜欢做的三件事，便是多看、多听、多想，以此来充实自己。他广博地学习，而不会厌倦。弟子追随他学习，他谆谆教诲，却不觉得倦怠。这样的精神博得大家的敬仰，然而，孔子自己则认为没有什么值得大家称赞的，可见谦虚的美德，也在孔子的身上散发出无比的光芒。

看到事物，不应该立即做出判断，以免失误。这时候先默而识之，然后逐渐尝试、了解、体悟，才做出判断，这样比较安全。学而不厌，必须知所取舍，应该学的才学，不应该学的不要学。诲人不倦，也要看对方有没有学习的意愿，不宜好为人师，徒然造成反感。

自我要求

（一）随时把所见所闻默默地记在心里，目的是有时间多方思虑，更深一层明白其中的道理。不能立即反应，以免浅陋而贻笑大方，增加自己的学习障碍。

（二）学过的东西，便认为自己已经懂了，不愿意再学，这样的学习态度，并不能真正学得精通。有机会一学再学，也不厌弃，才能学得深入，比别人更有心得。

（三）不要好为人师，以免令人厌恶；但是有实力教导他人，而他人也有意学习时，应该诲人不倦，才是善尽社会责任的表现。

建议

学习孔子这三件事，有机会便要提醒自己，切实把它做好。

德之不修

子曰："德之不修①，学之不讲②，闻义不能徙③，不善不能改，是吾忧也。"

主旨

孔子勉人学道要自己力求精进。

注释

①"修"即修养。②"讲"指讲习。③"徙"是迁移的意思。

今译

孔子说："品德不加修养，学问不加讲习，听到义理不能用来改进自己，有缺点也不能改正，这些都是我所忧虑的。"

引述

德之不修，是以不修自戒；学之不讲，是以不学自戒；闻义不能徙，是以不配合自戒；而不善不能改，则是以不改过自戒。这四方面都要自动自发，反过来要求自己，才能获得精进。

孔子说这一番话，当然不是为了自我标榜，要大家认为他了不起。他借用自己的担忧，来唤醒大家的注意，自戒、自学、自律，才能学习到真正的东西，对于提升自己的修养，充实自己的学识，有很大的好处。

自我要求

（一）孔子说他自己忧心，做得不够好，大家听得进去。如果换一种角度，用教训的方式告诫大家不可以不修德，不能够不讲学，不应该闻义而不能徙，不允许不善却不能改，相信大家都听不入耳，产生不了什么功效。

（二）批评自己，相当于自我检讨，也会引发大家的仿效，纷纷自我检讨。批评别人，有如用石头打击别人，引起反击应该是必然的后果。大家会想：你自己做得多好？还来教我们！

（三）这四种毛病，凭良心讲，大家多多少少都有。我们用来自省，自己力求改进，才不辜负孔子的一番苦心。

建议

先从有过即改着手，切实要求自己务必做到。

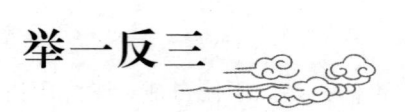

举一反三

子曰："不愤不启①，不悱②（fěi）不发。举一隅③（yú）不以三隅反，则不复④也。"

主旨

孔子勉励弟子要自觉用功。

注释

①"不愤不启"中的"愤"指心求通而未得,"启"即开启、启示。②"悱"指口欲言而未能。③"隅"即角。④"不复"即不再教导。

今译

孔子说:"没有到达心里求明白却不得其门而入的时候,我不会去开导他;没有到达想说却说不出来的时候,我不会去启发他。如果提示他一种道理,却不能推想到其他类似的道理,我就不再教导他了。"

引述

不想学的人是教不了的,不用心的人是学不到东西的,不能举一反三的人是想不通道理的。

孔子的有教无类,是提供学习的机会,并不是大家都学习同样的课程,保持同样的进度,采取同样的教学方式。他不认为单方面的教导可以把人教会,因为学的人不能配合,教学的效果不可能良好。

想求明白却找不到门路,这时候点他一下,替他打开一扇门,或者把他引进门来,然后就应该放手让他自己去学习。想说而说不出来，趁机开导一下，让他继续尝试，逐渐突破难关。对于过于依赖老师的人，给他一些教训，促使他自动学习。孔子引导弟子自动自发地学习，才是最为高明有效的教学。

自我要求

（一）诲人不倦，也要配合可造之材，否则怎么教都没有效果，反而造成不必要的学习恐惧和学习障碍。凡事一定要热心，但千万不要过分热心，教学也不例外。

（二）方形有四个角，大同小异，教了一个角，还要把其余三个角也逐一说明，未免太过轻视学生的领悟能力。更可怕的是，这种教导方式等于剥夺了学生自觉领悟的机会，使学生养成高度的依赖性，对学生非常不利。

（三）培养学生自动学习的能力，是教师的主要责任。教给他一大堆知识，不如教给他学习方法，使学生养成自学的能力和习惯，更加可贵。

建 议

从现在开始，培养自觉自发的学习精神，促使自己乐于学习，准备活到老学到老，而且还要有效地学习。

求仁得仁

冉有曰："夫子为①（wèi）卫君②乎？"子贡曰："诺③，吾将问之。"

入，曰："伯夷、叔齐，何人也？"曰："古之贤人也。"曰："怨乎？"曰："求仁而得仁，又何怨？"

出，曰："夫子不为也。"

主旨

孔子教导弟子辨别是非、伸张正义。

注释

①"为"是帮助的意思。②"卫君"指卫灵公的孙子卫出公辄，也是太子蒯聩的儿子。卫灵公死时，蒯聩在晋国，国人立卫出公辄为君，晋国却要把蒯聩送回卫国继位为君，而辄拒绝。父子争夺君位，当时孔子正好在卫国。③"诺"是回答"好"的意思。

今译

冉有说："老师会帮助卫国的国君吗？"子贡说："好吧，我去请问老师。"

子贡进去见孔子，问："伯夷、叔齐是什么样的人呢？"

孔子说:"是古代的贤人。"子贡说:"他们相互推让,不肯做国君,后来有悔恨吗?"孔子说:"他们求仁德而终于得到仁德,又怎么会悔恨呢?"

子贡走出来,说:"老师不会帮助卫国国君的。"

引述

冉有不直接向孔子请教,却向子贡提出问题,可能认为问这样的问题并不妥当。也可能认为这样的问题,由自己发问,不如由子贡提出比较合适。当然,还有一种不太可能的可能,那就是冉有故意问子贡,让子贡去问孔子,看看有什么结果。

子贡并没有直截了当地把冉有的问题向孔子提问,他拐了一个弯,改口问伯夷、叔齐的事情。这两者是不是相似或相关,实在很难讲。孔子回答以后,子贡又拐了一个弯,自行研判孔子的决定,说是"夫子不为也"。这样推论,到底是不是符合孔子的原意,也不容易下定论。

沟通本来就很困难,加上大家喜欢添加许多枝节,当然更难沟通。往往沟而不通,还认为沟通效果良好,会产生很多误解。

自我要求

(一)有人向我们提问,我们要自行斟酌能不能解答。若是能力不足,或者缺乏资讯,最好不回答。至于要不要转问别人,也要看当时的情境,以做出合适的决定。

(二)问问题,要先弄清楚问题的准确性。问得不清楚,人家怎么回答?若是答非所问,到底是哪一方的失误?会不会问问题，问得恰当与否，会不会引起反感，能不能获得正确的答案，最好在发问之前，先仔细想一想。

（三）鼓励发问，或者禁止发问，都没有必要。问的人和答的人，都事先想一想，想妥当才问，想妥当才回答。这样的问答，才不算浪费时间，才能有所收获。

建议

不要害怕提问，也不要随便发问。提问题是考验自己的实力，给答案是考验对方的实力，双方都要慎重。

子不语

子不语怪、力①、乱②、神。

主旨

孔子很少谈论难以证实的事情。

注释

①"力"即暴力。②"乱"指悖乱。

今译

孔子很少谈论怪异、暴力、悖乱、鬼神的事情。

引述

不语并不是绝对不说，而是相对地很少谈论。因为怪异、暴力、悖乱、鬼神这些事情，说多了并没有益处。依孔子的标准，认为最好不说。

山妖水怪是一种传闻，当作观光的题材，或者偶尔拿来当作消遣，就可以了。暴力、悖乱，不但不正常，而且具有传染的倾向。原本没有这种念头，看多了、听多了，也会受到感染不由自主地爆发出来。这些事情，少谈无害，多说则无益，所以不必多说，尽量少说为宜。

至于神鬼，既不能证实，也无法否认，属于信者恒信，不信的恒不信，各人自己选择，自行决定，也用不着大家多说。

孔子肯定神的存在，同时尊重各人的选择。他说：祭神如神在。（《八佾第三》）如在如不在，全凭各人的感觉。因为鬼神的形状，我们难以描述，而鬼神的情感，却比较容易有所感通。

孔子这一句话，也可以解释为不谈论怪神、力神、乱神，或者整个连接起来，解释为不谈论怪、力、乱的神。我们尊重各人的感受，但是用"神"来代表难以证实的事情，应该是更为宽广的说法。

自我要求

（一）把鬼神当作具有无比威力的主宰，那就是心甘情愿；做鬼神的奴隶，就等于自暴自弃，放弃了应有的自主性。

（二）通过和鬼神的交往，想借助鬼神的力量来助益自己，至少补自力的不足，同样丧失了自己的创造性，有损人之所以为人的基本庄严。

（三）祭拜祖先，表示不忘本。要发扬家风，使祖先的理想生生不息地流传下去，和祈求鬼神相比，意义大不相同。

建议

怪、力、乱、神既然不宜多说，不如警惕自己，从现在开始尽量少说。

三人行，必有我师

子曰："三人行，必有我师焉。择其善者而从之，其不善者而改之。"

主旨

孔子认为学无常师，随处可以求进步。

今译

孔子说："三人同行，其中必定有值得我学习的地方。选择他们的长处来学习，以他们的短处作为自我改正的借鉴。"

引述

　　西方人说三人，大多指三个人。我们说三人，表示多数人，不过这个多，并不是很多，而是很小数目的多。

　　这里所说的师，也不是我们常说的老师，值得我们学习、仿效的也叫作师。任何人都有优点，也都免不了有缺点，我们把值得仿效的拿出来当作榜样，必须改善的拿出来当作警示，便是随时随地学习、反省的有效方式。

　　这里所说的善或不善，只是表面上观察所得的结果，因为时间短促，很难深入分析和理解。这一番话是针对一般的言行态度，主要用意在提醒我们随时保持谦虚的态度，学习他人的长处，改正自己的缺失。

自我要求

　　（一）人是群居的动物，大部分时间与他人相处。这时候他人便成为我们的外在环境，如果能够从中学习一些长处，改善自己的缺失，岂不是最为有效的学习？

　　（二）人对人是一面镜子，我们看人，人家也在看我们。彼此学习，互相切磋，才是善用镜子的方式，不看可惜，看了没有效果，等于没有看，徒然浪费宝贵的时间。

　　（三）欣赏别人的长处，才会自动仿效学习。不必厌恶别人的缺失，因为我们自己也有缺失，为什么要厌恶呢？拿来反省自己：有没有同样的缺点？有则改之，无则加勉，这样就好了。

建议

培养欣赏别人长处的习惯，能够学的赶快学，不能学的也可以增长自己的见识。

择其善者而从之

子曰："盖有不知而作①之者，我无是也。多闻，择其善者而从之，多见而识②（zhì）之，知之次也③。"

主旨

孔子自述不装成很有知识。

注释

①"不知而作"指不知道而装成知道。②"识"指记忆。③"知之次也"指次于上智的人。知，同"智"。

今译

孔子说："大概有一种自己对事理不明白而装作知道的人，我绝不会这样做。多听别人的不同说法，选择其中好的去依从，多观察并且记在心里，这样也可以成为仅次于上智的人了。"

引述

　　没有什么知识，却装作有很多知识的人，到处可见。搞不明白原先的用意，便急于创新，说出一些似是而非的道理，也是常见的现象。孔子认为他没有这样的毛病，用意即在提醒大家不要这样比较好。

　　"不知而作"，指无所知或知道得不明确就妄言妄行。这种事情，孔子自己说明不敢做，也不愿意这样做。必须认识清楚，衡量正确，然后才有所言或有所行，这是负责任的态度。

　　《子张第十九》把谨言慎行的道理说得更为详细，可以对照着用心领悟。

　　多听、多想，把要紧的牢记在心，不敢说很有知识，也差不多了。

自我要求

　　（一）不知道装成知道，不明白装成明白，如果是一般人，为害并不大。因为大家不重视他们，也不相信他们，所以闯不了什么大祸。

　　（二）有名望的人，遇到不明白、不知道的事情，若是为了面子关系，装成明白、知道，那就为害很大。由于大家相信他们，也喜欢听他们的话，或者看他们写的文章，扩散出去，害很多人，当然是大祸害。

　　（三）一个人的时间有限，要想样样都明白、都知道，实在十分困难。宁可知之为知之，不知为不知，对得起自己，也不致害别人。

建议

千万不要为了虚假的面子,冒充自己什么都知道。遇到不知道的事情,趁机多学习,才是聪明人。

君子坦荡荡

子曰:"君子坦荡荡①,小人长戚戚②。"

主旨

孔子论君子与小人心境有别。

注释

①"坦荡荡":"坦"即平,"荡荡"是宽广的样子。
②"长戚戚"指多忧怨、常忧怨。

今译

孔子说:"君子心地平坦宽阔,小人心地常忧愁难安。"

引述

人的身体,本来就具有固定性和有限性,无法完全满足人心所产生的变动性和无限性的欲求。君子有自知之明,设法避免这种身心的矛盾和冲突,使自己平静自在,好像行走在宽广、平坦的道路上,悠然自得。小人不能体会这种各人都有却不尽相同的局限性,整天费尽心机想要胡作妄为,好像走在崎岖不平的路面,紧张不安,而又患得患失。

这一番话,看起来在分析君子和小人的心境不一样,实际上在启发我们,摆在我们面前的永远有两条路:一为"坦荡荡"的君子大道,一为"长戚戚"的小人行径。这两条路任由我们自己选择,也就考验着我们自己的智慧。

自我要求

(一)人人都有个别差异,表示大家各有不同的局限性。与其苦苦追求达不到的绝对快乐,不如退而求其次,追求自己做得到的相对快乐。

(二)安于相对快乐,久了便成为绝对快乐,不再追求不真实的绝对快乐。妄想获得绝对快乐的人,却每每由于永远做不到而痛苦一辈子,实在不值得。

(三)"仁者不忧"(《宪问第十四》),便是君子坦荡荡的证明。"我欲仁,斯仁至矣。"可见我想要坦荡荡,也就走上君子的大道了。一切由自己做主,为什么不试一试呢?

建议

紧张不安,实在不如舒坦自在。即使在困难、穷苦的情境当中,仍然不能够改变乐道的心情。

泰伯第八

恭而无礼则劳

子曰:"恭而无礼则劳,慎而无礼则葸①(xǐ),勇而无礼则乱,直而无礼则绞②。君子笃于亲,则民兴于仁。故旧不遗,则民不偷③。"

主旨

孔子教导弟子重视合理的行为规范。

注释

①"葸"乃畏惧。②"绞"是急切。③"偷"即淡薄,指人情淡薄。

今译

孔子说:"恭敬而不合礼,会烦扰徒劳;谨慎而不合礼,会畏怯多惧;勇敢而不合礼,便会犯上作乱;率直而不合礼,会急切责人。在上位的人能厚待亲属,民间也会兴起仁爱的风气。在上位的人能不遗弃故交旧友,民风就会敦厚,老百姓就不至于人情淡薄了。"

引述

人生最要紧的是生活，生活最重要的是人情，人情最需要的是合理。合理的人情，成为大家的行为规矩，就叫作礼。礼的后面要加上一个"节"字，才能合理。

恭敬、谨慎、勇敢、率直，原本都是良好的态度，但是也不能过分，必须做出合理的节制。

过分恭敬，大家都很劳累；过分谨慎，必然流于胆怯；过分勇敢，行为就很粗野；过分率直，口气经常不好。

要形成合理的礼节，居上位的人必须以身作则，百姓受到陶冶，自然重视人情，不致刻薄、忘本。

"无礼"的意思，是不当或过度的礼，怎样才能够谨守合理的度呢？《为政第二》说："多闻阙疑，慎言其余，则寡尤；多见阙殆，慎行其余，则寡悔。"

自我要求

（一）礼多人不怪，用意在鼓励大家重视应有的礼貌。礼多必诈，则在提醒大家不可过分，必须把握合理的度。

（二）恭敬和虚伪、谨慎和胆怯、勇敢和粗野、率直和口没遮拦，当中都只隔着一张薄薄的纸，稍有逾越，就变成另外一种，所以必须格外小心。

（三）社会风气由一两个人来转移，乍听起来并不可能，然而居高位而又声望良好的人士，应该是做得出来的。

建议

不管如何，由于自己做出一些良好的榜样，让一些人受到影响，实在是自己对社会的贡献。

如临深渊，如履薄冰

曾子有疾，召门弟子曰："启①予足！启予手！《诗》云：'战战兢兢，如临深渊，如履薄冰。'②而今而后，吾知免夫！小子③！"

主旨

曾子训勉弟子谨慎保身。

注释

①"启"同"瞽"，视。②"《诗》云"三句出自《诗经·小雅·小旻》，譬喻自己常戒慎守身，如临渊履冰，不敢稍有大意。"战战"是恐惧的样子，"兢兢"即谨慎戒惧。③"小子"即门生。

今译

曾子病重，召集门生到床前，说："看看我的脚，看看我的手,《诗经》说:'小心谨慎,就像站在深潭旁边,就像走在薄冰上面。'从今以后,我知道我的身体可以免于被毁伤了,弟子们!"

引述

曾子是大家公认的孝子,他病重的时候,要他的弟子们掀开被子检视他的手脚,依然保持得很完好,说明他始终遵照《诗经》所说的谨慎小心,以求明哲保身。

有人一听到明哲保身,就联想到自私自利,好像明哲保身就代表怕事、怕死,这是十分严重的误解。事情要做,安全和方法也应该重视,这样才对得起自己。

自我要求

(一)父母最担心的是子女的健康和安全,我们不希望增添父母的担忧,当然要重视自己的健康,以策安全。古人说"身体发肤,受之父母,不敢毁伤",实际上是提倡孝道的一种说法,理由就在于减少父母的担心。

(二)现代人喜欢冒险,玩一些高度刺激的游戏,万一出事,自己丧失宝贵的性命,亲友也将悲伤不已。大家在从事这些活动之前,务必详为考虑。

(三)不爱护自己的人,怎么能爱护别人?明哲保身的用意是鼓励大家爱自己,爱到自己充满了爱,才有多余的爱来爱别人。

建议

爱护自己，并不一定要自私。能够推己及人，以爱自己的心来爱别人，才合乎人性的需要。

人之将死，其言也善

曾子有疾，孟敬子①问之。曾子言曰："鸟之将死，其鸣也哀；人之将死，其言也善。君子所贵乎道者三：动容貌②，斯远暴慢③矣；正颜色，斯近信矣；出辞气④，斯远鄙倍⑤矣。笾（biān）豆之事⑥，则有司⑦存。"

主旨

曾子劝告孟敬子凡事应该重视大体。

注释

①"孟敬子"是孟武伯的儿子，为鲁国大夫仲孙捷。②"动容貌"指容貌举止依礼而动。③"暴慢"即粗暴放肆。④"辞气"指言语声调。⑤"鄙倍"为鄙俗背理。"倍"同"背"，背离、违背的意思。⑥"笾豆之事"代表礼仪中的细节。⑦"有司"指执事的人员。

今译

曾子病了，孟敬子去探望。曾子说："鸟将死的时候，叫声很悲哀；人将死的时候，所说的话都是善良的。在上位的人应当重视三项道理：容貌举止依礼而行，就可避免别人的粗暴、放肆；脸色端庄，就容易让人产生信任；说话用词语气得体，就可避免别人鄙陋不合理的话。至于笾豆之类的礼仪细节，有专职的人在管，不必多操心。"

引述

孟敬子探望曾子的病情，按理说并没有请教重要问题的意思，但是他的身份比较特别，曾子希望借着这个难得的机会，提供一些宝贵的建议，所以才慎重地说出"鸟之将死，其鸣也哀；人之将死，其言也善"，以此来引出后面的忠告。曾子的用心良苦，可见一斑。

君子所应该注意的三件事，是曾子通过孟敬子探病的时机，一方面向孟敬子提出建议，另一方面向全天下有志成为君子的人士传播他的心得，流传到现代，仍然是人际关系的互动要诀，不能够不重视。

自我要求

（一）西方社会，大多以个人主义为主。日本社会，普遍重视集体主义。中国社会，显然两者都不是。我们在某些时候，十分偏向个人主义，某些时候却特别注重集体主义。我们的交互主义，其实就是"你对我好，我没有理由对你不好；你对我不好，我又何必一定要对你好"。

（二）交互主义，讲求"希望别人如何对待我们，就要先以同样的方式对待别人"。自己以礼对待他人，别人才会以礼来回应，一直到现代，依然没有什么改变。

（三）居上位的人，只要保持自己应有的礼节，至于仪式、程序和必备的器具，大可以交给专业主管去办理，自己不必费心，以免形成不必要的干扰。

建议

礼节是大家共同遵守的行为准则，居上位的人必须以身作则，作为大家的好榜样。

任重而道远

曾子曰："士①不可以不弘毅②，任重而道远。仁以为己任，不亦重乎？死而后已，不亦远乎？"

主旨

曾子以"弘毅"与士人共勉。

注释

①"士"指读书人、知识分子。②"弘毅"即弘大刚毅。

今译

曾子说:"读书人不可以不弘大刚毅,因为责任重大而且路途遥远。将弘扬仁道当作自己的责任,不是很重大吗?到死才能放下责任,不是很遥远吗?"

引述

弘大的胸襟和刚强的毅力,是知识分子必须具有的条件,用来负起弘扬仁道的重责大任,一直到死亡才能够卸下责任。这是曾子对读书人的要求,也是他一生努力的目标。

中华民族很早就发展到农业时代,过着安定的农耕生活。因此,中华文化很早便由注重民生的经济生活,转为讲求明德的精神生活,所以知识分子的注意力,也就转向重视人际关系的研究。以仁道为中心,发展出最早的生命学问,不但自己要爱人,更应该弘扬这种精神,促使所有的人都能够爱人。曾子说读书人任重而道远,一直到现代,仍然没有完成。

自我要求

(一)弘扬仁道是知识分子的共同责任,否则知识经济就会扭曲成为"有知识的人,利用知识来欺凌、压迫没有知识的人",那就是没有良心的读书人。

（二）弘扬仁道是一辈子都做不完的事情，不但时刻不能松懈，而且要一直做到死为止。有良心的读书人，应该以身作则，刚毅不拔地承担起这样的重责大任。

（三）仁道是人之所以为人的共同道路，一个人能够喜好人的善，也能够厌恶人的恶，便是走上了仁道。这样发展下去，成为忠恕之道，虽然相当遥远，却值得去走。

建议

约束自己，做一个有良心的读书人。

笃信好学

子曰："笃信好学，守死善道①。危邦不入，乱邦不居。天下有道则见②（xiàn），无道则隐。邦有道，贫且贱焉，耻也；邦无道，富且贵焉，耻也。"

主旨

孔子教导弟子要有学有守。

注释

①"守死善道"："守死"指坚持遵守，一直到死为止，"善道"指好的道理。②"见"同"现"，出现，指出任官职。

今译

孔子说:"有坚定的信念,又能好学,坚持遵守一直到死都要弘扬正道。不进入危险的国家,不居住在紊乱的国家。天下太平时就出来做官,天下混乱时就隐居。国家政治清明时,如果贫贱,那是可耻的;国家政治黑暗时,反而富贵,那也是可耻的。"

引述

现代人喜欢求新求变,说什么"只要我喜欢,有什么不可以",因此迷失方向,缺乏正确的目标,使自己活得没有价值。实际上,人生在世,必须多问应该不应该,少问喜欢不喜欢,应该做的,再不喜欢也要勉强自己去做。有了这种"做应该做的事,不做不应该做的事"的信念,加上努力好学,才能够坚持弘扬正道,一直到死都不违背。这样对得起自己,也对得起世人。

自我要求

(一)士农工商,行行出状元。有才能不一定要做官,担任官职一定要有为人民服务的理念,否则就不要做。

(二)贫贱并不可耻,有机会可以正当地获得财富,如果好吃懒做,自暴自弃,这才是可耻的。富贵不一定值得赞扬,要看来路正当不正当;不择手段谋求荣华富贵,可耻。

(三)"现",不一定要当官,各行各业都可以为人民服务,为社会人群做出贡献。"隐",不一定什么都不管,尽自己的能力默默地做一些有益人群的善事,也很方便。

建议

对于自己的进退出处，要定好明确的原则，才能够及时决定自己的态度。

不在其位，不谋其政

子曰："不在其位，不谋①其政。"

主旨

孔子告诫弟子不可逾越职权。

注释

① "谋"指参与计划。

今译

孔子说："不在那个职位上，就不参与计划那个职位上的事务。"

引述

做人做事，正名和定位，都十分重要。每一个人都有自己的名分，把分内的工作做好，便是正名。每一个人先把自己的关系和位置搞清楚，可以互相支援，彼此协调，而不应该逾越职权，干预或侵犯他人的工作。

我们应该乐于助人，并且关心他人；但是"不在其位，不谋其政"，重视的是度的掌握。提供意见使其多一种参考，却不能干预或侵犯，应该是大家乐于接受的界限。

有人批评这种"不在其位，不谋其政"的作风过分消极，认为大家都这样，岂不是太自私，各人只顾自己？有些事没做好也没人管。事实上，正是由于这样，大家应该负起的责任，才会更加明显。大家都不管，应该管的人，就不得不管。总比大家都管，应该管的人反而乐得浑水摸鱼，占尽便宜要好。

自我要求

（一）先把自己的分内工作做好，再去帮助他人，是一件好事。自己的工作做不好，老喜欢管别人的事，便是多管闲事，令人厌恶，也使人怀疑有什么不良的企图。

（二）团体讲求分工合作，既然分工，就不应该侵犯他人的职权。为了合作，除了各人把分内工作做好之外，更应该整体配合，支援他人把工作做好。

（三）不是完全不管他人的事务，也不应该干预、妨碍他人的工作。各人尽责，努力配合，才是合理的工作态度。

建议

为了合作而分工，才有意义。分工却不能合作，是本位主义，不值得鼓励。

子罕第九

有美玉于斯

子贡曰:"有美玉于斯,韫(yùn)椟①(dú)而藏诸?求善贾②(gǔ)而沽诸?"子曰:"沽之哉!沽之哉!我待贾者也!"

主旨

孔子不轻易求官,宁可等待合适的机会。

注释

①"韫椟"指藏在柜中,"韫"指藏,"椟"即柜。②"善贾"是好价钱的意思。

今译

子贡说:"假如这里有一块美玉,把它放在柜子里藏起来呢?还是找个好价钱卖掉?"孔子说:"卖掉吧!卖掉吧!我在等待好价钱呢!"

引述

子贡有意试探孔子，是否有出任官职的愿望。他不方便直说，就婉转地用美玉来代表老师，问孔子想不想卖掉自己，也就是出任官职的意思。

孔子当然明白子贡的用意，却也不一本正经地回答：只要情况合适，自然不会放弃机会。他同样采取婉转的方式，顺着子贡的话，表示自己正等待有人出价，有好价钱就卖！这种彼此尊重的良好沟通方式，生动而有趣。

自我要求

（一）不方便直接询问，是一种尊重对方的表现。既然受到询问者的尊重，就不应该装作听不懂，或者不愿意回答，甚至于告诉询问者不必这样拐弯抹角，有话直说就好了，这样使对方难堪，也就是不尊重对方。

（二）孔子的学问道德，都令子贡十分敬仰，孔子为什么不出任官职，使子贡非常纳闷。子贡借着美玉来询问一番，也是学生对老师的好意和敬意，孔子当然不会不喜欢。

（三）如果孔子不想回答这样的问题，只要把"我"字拿掉就好了，把"我待贾者也"改成"待贾者也"，这样就可以了。

建议

有时候婉转一些，来个拐弯抹角，显得沟通的艺术十分美妙；但是，应该直说的时候，仍然要明白直说。

各得其所

子曰："吾自卫反鲁，然后乐正①，雅、颂②各得其所。"

主旨

孔子自述正乐的功效。

注释

①"乐正"指订正音乐。②"雅、颂"即音律不相同的两种正乐。

今译

孔子说："我从卫国回到鲁国，才把音乐的篇章和曲调修正好，使雅、颂恢复原来适当的位置。"

引述

雅、颂各为诗的一种体例，也各为一种音乐。这里所说的是音乐的部分，把它安排在适当的位置，以发挥音乐教育的功效，便是孔子正乐的工作。

自我要求

（一）孔子认为音乐教育可以端正人的性情，并不是纯粹的娱乐，而是寓教育于音乐，必须正乐，才能收到功效。

（二）音乐是一种艺术修养，最好先安静下来，用心聆听，然后才逐渐深入，领悟其中的涵义。像现代这样吵吵闹闹的音乐，恐怕只有噪声，很难陶冶人的性情。

（三）"各得其所"，便是明确定位，人生在世，不过是各自定位。我们要各得其所，就必须尽心尽力，这样才有希望。

建议

多欣赏正乐，少接受噪声的干扰，才能够心平气和。

逝者如斯夫

子在川上曰："逝①者如斯夫！不舍昼夜。"

主旨

孔子感叹岁月匆匆，鼓励大家爱惜光阴。

注释

①"逝"是往、去的意思。

今译

孔子站在河边，看着流水，说："岁月的流逝就像这流

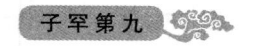

水啊！日夜不停地往前奔流。"

引述

水流为什么不断？因为上有水源，下有大海作为去处。时间为什么不间断？因为人类有历史，可以上下连接。如果不传承古圣先贤的道理，历史就不连续，人们也就忘本了。世事多变，但是人心的德性可以不变。有变有不变，才能够生生不息，细水长流。

自我要求

（一）时间没有白天、晚上的区分，都是一分一秒地流逝。人的作息，却应该有白天、晚上的不同，这样才能获得健康。

（二）时间一去不复返，生命有限，显得时间非常宝贵，我们必须珍惜每一分钟，善加利用以提升自我，不可浪费。

（三）时间对于每一个人来说，都是公平的——每天二十四小时。人对时间的运用，却十分不公平，有人善用，有人则浪费，显示出各人对时间的认识和把握各有不同。

建议

一寸光阴一寸金，寸金难买寸光阴，怎能不珍惜时间？

后生可畏

子曰："后生可畏①，焉②知来者之不如今也？四十、五十而无闻③焉，斯亦不足畏也已！"

主旨

孔子勉励弟子把握时间努力精进。

注释

①"后生可畏"指年轻人动力十足，其势可畏。②"焉"即安、怎么。③"闻"指名望，名显于世。

今译

孔子说："年轻人是值得敬畏的，怎么知道他们将来的成就不如现在这一辈的人呢？但如果到了四五十岁还没有名望，那就不足敬畏了！"

引述

后生为什么可畏？在于年轻人的成长空间很大。如果立定志向，而又自觉地坚毅奋勇，未来的发展无可限量，当然有后来居上、青出于蓝的机会。

若是自恃年轻便是本钱，却不知珍惜宝贵时光，也不能立志图强，更不知走上正道，这样的年轻人，一转眼就到了四五十岁的壮年时期，仍然没有什么可以称道的地方，大概这一辈子也不过如此，不值得敬畏了。

自我要求

（一）"人心不古，世风日下"是一句老话。年纪大的人总觉得道德修养真的是一代不如一代，因而十分担忧。年轻人科学、技艺学得快，也学得好，品德修养却愈来愈不重视，以致社会风气日趋败坏，当然令人担心害怕。

（二）到了四五十岁，步入壮年，如果在品德修养方面，依然没有什么值得称道的地方，可以证明他在这方面的用心不够，相当于自暴自弃。我们推断他不会有什么了不起的成就，并不过分。

（三）后生可畏不可畏，完全看年轻人自己的作为，同样是自作自受。我们先抱定可畏的心态，提供给年轻人大好的机会，看他们怎样表现，到了壮年时期，再判断其可畏不可畏，这样比较妥当。

建 议

不管自己现在怎么样，都要努力修养品德。至少在品德方面令人不敢轻视，人生才有价值。

匹夫不可夺志也

子曰："三军可夺帅也，匹夫①不可夺志也。"

主旨

孔子勉励弟子要立定志向。

注释

①"匹夫"指平民。

今译

孔子说："三军虽然人数众多，但是可以把他们的主帅俘虏过来；一个普通百姓，却不能强迫他改变心志！"

引述

大国的军力强大，就算数量众多，我们还可以用更为强大的力量，把他的主帅掠夺过来；但是一个普通平民，如果志向坚定，任凭多大的威胁利诱，都很难加以改变。

人的意志一旦确立，他的心便拥有绝对的自主权，也获得了真正的自由，既不受他人的左右，也可以拒绝所有外来的压力。如果不是这样，所立的志向即为假的意志。

自我要求

（一）立志完全是个人的事情，任何人都没有办法代人立志，也不能委托他人代为立志。自作自受，绝无例外。

（二）不志于道，而志于其他，是自甘堕落，我们无能为力，也挽救不了。亲者痛仇者快，从这里可以看出端倪。

（三）不要太早立定志向，以免由于不知而误了自己。孔子主张三十而立，三十岁时才确立志向，应该更加妥当。

建议

检视自己的意向，是不是合乎正道。

岁寒知松柏

子曰："岁寒，然后知松柏之后彫①也。"

主旨

孔子以松柏譬喻君子的节操。

注释

① "彫"同"凋"，即凋谢。

今译

孔子说:"天气寒冷,然后才知道松柏在草木中是最后凋零的。"

引述

天气温暖的季节,万物欣欣向荣,松柏在植物群中并不特别引人注目。到了寒冷的时候,植物大多凋零,这时耐寒的松柏才显得青翠如常,十分难得。

太平时代,小人比君子还要活跃,一旦遭遇变乱,小人纷纷逃避,只有君子才挺得住,虽死无憾。

自我要求

(一)路遥知马力,日久见人心。东西或许是新的好,人却是老的好,经得起时间考验的老人,才真正靠得住。

(二)荀子说过:"岁不寒无以知松柏,事不难无以知君子。"君子必须经过严格的考验,才能证明自己确实有能耐。

(三)看不起松柏精神的人,很容易为小人所包围,不知不觉冷落、疏远了君子,到了危难的时候,才后悔不已。

建议

君子要耐得住寂寞,到了天寒地冻时才露出松柏精神,令人刮目相看,便是经得起考验。

乡党第十

朋友馈,不拜

朋友死,无所归,曰:"于我殡①。"
朋友之馈②,虽车马,非祭肉③,不拜。

主旨

孔子交友,特重义气。

注释

①"殡"泛指丧葬之事。②"馈"即馈赠。③"祭肉"为祭拜祖先所供奉的肉。

今译

朋友死了,没有家人处理后事,孔子说:"由我来料理一切丧葬事宜。"

朋友赠送礼品,即使是车马这样贵重的东西,都不必拜受,除非是祭肉,表示敬重朋友的祖先。

引述

　　为朋友料理丧事，是一种义气，不拜谢贵重的物品，是居于朋友有通财之义。至于接受祭肉时必须拜谢，则是表示感谢赠送的人，感谢他的祖先。因为祭神之后，祭肉在情理上已经属于他的祖先，现在拿来分享，当然要拜谢。

自我要求

　　（一）为无主的尸体办丧事，一直到现代，都是一种善事。朋友死亡，若是没有亲近的人主办丧事，居于友情，当然应该主动出来帮忙。

　　（二）朋友赠送物品，并不一定不能拜谢，而是看交情、论关系，有时不谢比谢还要令人感动。因为大恩不言谢，对父母不能谢，朋友的交情有如一家人时，也不必谢。

　　（三）太贵重的礼品，原则上不能接受。如果可以接受，必然有特别的原因，好像已经不拜谢就可以表示内心的感觉，所以反而不拜谢。

建议

　　不要随便接受过于贵重的礼品，以免引起误解。

先进第十一

未知生，焉知死

季路问事鬼神。子曰："未能事人，焉①能事鬼？"曰："敢问死？"曰："未知生，焉知死？"

主旨

孔子勉励子路研究实学。

注释

①"焉"即"何""怎么"。

今译

子路问怎样侍奉鬼神，孔子说："人都侍奉得不好，怎么能侍奉鬼神呢？"子路又问："大胆请问：人死了以后是怎么样的？"孔子说："生前的事都不能知道，怎能知道死后的事呢？"

引述

"事鬼神"是祭祀鬼神的意思，孔子当然有他的看法，却由于子路在孔子心目当中,还不够达到谈论这些事情的级别,所以才会这样回答。

孔子和世俗一般,并不否定鬼神的存在,所不同的是保持某种亦即亦离的微妙关系。他的先后次序十分明确,先事人后鬼神,先把现实生存方面的事情弄清楚,然后才探讨鬼神方面的事宜。

换成别人向孔子请教这样的问题,很可能获得不一样的答案,我们不能把这一段文字当作通案看待。

自我要求

(一)生活得有意义,自然死得其所,也死而无憾。先把生前的事做好,再来关心死后的事情,应该更加实际、具体、可行。

(二)生死是每一个人都必须面对的事情,也是每一个人都应该重视的课题,我们不能也不必回避,最好能在死亡之前做出比较合理的了解,以减少因无知而产生的恐慌。

(三)祭祀是一件重要的事,当然有研究的必要,只要虔诚、恭敬,在内心求感通,不必计较太多的仪式,依礼而行就好了。

建议

把鬼神当作虚拟的言谈对象,不追究外形,只想象精神,逐渐有一些了解,不用着急弄清楚鬼神和生死的问题。

言必有中

鲁人为长府①。闵子骞曰:"仍旧贯②,如之何?何必改作?"子曰:"夫人不言,言必有中。"

主旨

孔子赞许闵子骞说话中肯。

注释

①"长府"是府库名,藏货财的地方,阎若璩《四书释地》以为与季氏家相邻近。②"仍旧贯"即依照旧制,"仍"是因袭的意思。

今译

鲁人修筑一座叫作"长府"的库来收藏武器、财货。闵子骞说:"照老样子修筑,怎么样?为什么一定要改造?"孔子说:"这人一向不多说话,一开口必定很中肯。"

引述

真正口才好的人一般少说话,而每说必很中肯。孔子不鼓励多说话,更厌恶乱说话。闵子骞平日少说话,一开口大家才会特别注意。平日说话太多,说得再对大家也不以为意。

自我要求

（一）旧的很好，为什么一定要改？旧的不好，当然一定要改。旧的未必不好，新的也不一定就好，要仔细分辨。

（二）中不中，意思是合理不合理。说得合理，大家都欢迎，即使有人不爱听，也不敢明说；否则，反对的声浪很大。

（三）谨言慎行，是每一个人都需要的修养。官再大、钱再多、活得再老、学问再饱满，通通不能例外。

建议

从现在开始，不开口便罢，言必有中！

过犹不及

子贡问："师与商①也孰贤？"子曰："师也过，商也不及。"

曰："然则师愈②与？"子曰："过犹③不及。"

主旨

孔子主张中庸之道。

注释

①"师与商":"师"指颛孙师,字子张;"商"指卜商,字子夏,都是孔子的弟子。②"愈"即胜。③"犹"即等同。

今译

子贡问:"子张和子夏两人谁比较贤明?"孔子说:"子张超过了些,子夏又不够。"

子贡说:"那就是子张比较贤明了?"孔子说:"过分跟不够同样不好。"

引述

子张才高意广,不免好高骛远,所以孔子认为有一些过分。子夏笃信谨守,难免开创不足,所以孔子说他不够贤明。子贡听了以后,觉得子张好像比子夏强一些,不料孔子却说过分和不够都不合乎中庸之道,同样的不好。

中庸之道,长久以来一直被扭曲、被误解,因而造成很大的后遗症,竟然引起若干人士的反感,实际上中庸便是合理。朱子说无一事不合理即中庸,才是最为恰当的解释。凡事恰到好处,便是中庸,有什么好反对的呢?

过与不及,不能用来判别优劣。子贡认为子张比较贤明,便是认为过的优于不及的,所以孔子并不同意。过与不及,在效用上同样不能收到预期的效果,孔子依据这种观点,才说出"过犹不及"的判断。过不中，不及也不中，不中就是不合理，不合用，效果不良好，所以两者是一样的。

自我要求

（一）凡事不宜过分，也不能不够。不做便罢，要做便应该尽心尽力，设法做得恰到好处，以求合理合宜。

（二）把一件事情彻头彻尾做好，便是完成一件大事。不要好高骛远，也不要过分拘谨保守，以致什么事情都做不好。

（三）凡事想妥当了，就应该立即去做；否则犹豫不定，想得太多，反而不敢着手去做。当机立断，才不致坐失良机。

建议

建立无过也无不及的评量标准，促使自己提高警觉，力求无过与不及。

颜渊第十二

非礼勿视

颜渊问仁。子曰:"克己①复礼②为仁。一日克己复礼,天下归③仁焉。为仁由己,而由人乎哉?"

颜渊曰:"请问其目④。"子曰:"非礼勿视,非礼勿听,非礼勿言,非礼勿动。"

颜渊曰:"回虽不敏,请事斯语⑤矣!"

主旨

孔子教导颜渊实践仁德。

注释

①"克己"为克制自己的私欲。②"复礼"为实践礼节,"复"即践行。③"归"是称许的意思。④"目"指条目。⑤"请事斯语"为我愿意照着这些话去做。

今译

颜渊请问仁德。孔子说:"克制自己的私欲,实践礼节就是仁德。只要能够做到这样的地步,天下的人都会称许你是个仁者。实践仁德需要靠自己下功夫，难道还要靠别人吗？"

颜渊说："请问实践的条目是什么？"孔子说："不合礼的事不要看，不合礼的话不要听，不合礼的话不要说，不合礼的事不要做。"

颜渊说："我颜回虽然鲁钝，但愿意照着这些话去做！"

引述

"克己复礼"的"礼"字，是指礼的本质，也就是我们固有的心性。克制自己的欲望，便能够达到恢复本有的心性。"克己"和"复礼"是一体两面，合起来看，便是我们常说的克复。克复什么呢？把非礼克复过来，使其合礼，便是克复。

非礼勿视，合礼的便要视；非礼勿听，合礼的便应该听；非礼勿言，合礼的当然要言；非礼勿动，合礼的必须要动。只要克去非礼的私欲，就可以回复应有的活动。视听言动，无一不合乎礼的要求，便是立身端正。

只要遵守非礼勿视、非礼勿听、非礼勿言、非礼勿动的准则，我们便具有很大的自由，可以扩展自己的生命。所以孔子认为实践仁德，主要靠自己，不能依赖他人，自我觉醒，自我改善，还需要自我提升。

这样说起来，克己复礼便是自爱。一个人处处克制自己的不正当欲望，约束自己的不正当行为，便是克己复礼，即是自爱的表现。

自我要求

（一）要爱人，必须先自爱。使自己守法守分，事事合乎礼制，然后才有资格说爱人，否则满口爱人，却经常伤害他人，令人厌恶、怨恨。

（二）"礼"和"理"同音，所以合礼可以说是合理。合理的礼制，并不可怕，当然应该遵守。不合理的礼制，也应该循合理的途径来加以改善。

（三）男女两性之间的非礼，大家似乎颇能警觉。最好能够扩大范围，在看、听、说、做方面，都不可非礼。

建议

从克己复礼着手，加强自我约束的修养。

己所不欲，勿施于人

仲弓问仁。子曰："出门如见大宾①，使民如承②大祭③。己所不欲，勿施于人。在邦④无怨，在家⑤无怨。"

仲弓曰："雍虽不敏，请事斯语矣！"

主旨

孔子教导仲弓存心敬恕，在修养上用功。

注释

①"大宾"指贵宾。②"承"指承当。③"大祭"指重大祭典。④"在邦"即在诸侯国。⑤"在家"指在卿、大夫家。

今译

仲弓请问仁德。孔子说："出了门就像要会见贵宾一样，使用民力像承当重大的祭祀一样。自己不喜欢的事物，不要加在别人身上。这样在诸侯的邦国担任公职，没有人怨恨，在卿、大夫的家里工作，也没有人怨恨。"

仲弓说："我虽然鲁钝，愿意照着这些话去做！"

引述

一个人要做到没有人怨恨，实在不容易，因为各人有不同的欲望，很难获得一致的赞赏，唯一的办法，便是时时刻刻抱持"己所不欲，勿施于人"的心态。凡事将心比心，才能减少大家的怨恨。

一般人对贵宾十分客气，对普通人就不是这样。这种差别待遇，很容易引起反感，造成困扰。如果对人都十分恭谦，便可以减少这些麻烦。

孔子认为仲弓很有气度，可以担任君王，所以用"如见大宾""如承大祭"来教导他。这种因材施教的方式，是孔子教学的一种特色，值得大家重视。

自我要求

（一）广义的仁，是忠、孝、仁、爱、信、义、恕、悌等德行的总称。狭义的仁，便是爱。"己所不欲，勿施于人"，可以当作爱人的一种方法，用将心比心来对待他人。

（二）"己所不欲，勿施于人"看似消极，其实不然，不能够随便颠倒过来，说什么"己所欲，必施于人"。因为这样一来，固然比较积极，却相当危险。譬如说自己喜欢喝咖啡，便认为别人也会喜欢，结果勉强对方喝下，弄得他整夜睡不着觉，岂止是反遭怨恨呢？

（三）己之所欲，可以尝试着先施于人，但是必须尊重对方，不能带有丝毫勉强。通常我们一请、再请，对方若是不肯接受，便应该适可而止，以免引起不悦。当然，只请一次便不再请，显然是不及，和再三勉强一样不合理。

建议

请人吃东西或请人帮忙做事，一请再请，便要适可而止，不应该一而再、再而三勉强对方，以免产生不愉快的后果。

四海之内皆兄弟

司马牛忧曰："人皆有兄弟，我独亡①。"子夏曰："商闻之矣：'死生有命，富贵在天。'君子敬而无失，与人恭而有礼，四海之内②，皆兄弟也。君子何患乎无兄弟也？"

主旨

子夏劝司马牛好自修养以感化朋友。

注释

①"亡"即无。司马牛有兄弟向魋（tuí）、向巢、子颀（qí）、子车，都在宋国作乱，司马牛逃亡在外，形单影只。②"四海之内"指天下人。

今译

司马牛忧愁地向子夏说："人家都有好兄弟，唯独我没有。"子夏说："我曾听说：'死生命中注定，富贵由天安排。'君子对事敬慎就不会出差错，对人恭敬有礼，天下的人都可以做他的兄弟。君子何必忧虑没有好兄弟呢？"

引述

兄弟和朋友的不同，在于有无血缘关系。实际上有的朋友，除了亲情以外，在许多方面都和兄弟没有区别；而有的兄弟，除了亲情以外，在很多方面都不如朋友。一个人如果自我修持，提高自己的品德，不但兄弟（包括姊妹在内）相亲相爱，朋友也都志同道合。这时候兄弟和朋友同样亲密，彼此互助，当然不必忧虑没有好兄弟了。

"死生有命，富贵在天"是子夏引用来劝慰司马牛的，是不是真的这样，我们尊重各人的选择。

自我要求

（一）死生有命，如果是真的，命在哪里？很可能和自己的生活方式有关。我们怎样活，应该可以决定我们的命究竟有多长。命如果是定的，应该也是由自己来决定。

（二）我们一生的努力，即在证明我们的寿命有多长，富贵有多少。如果自己不努力，就算有天命，恐怕也不会兑现。

（三）命就是天，天也就是命。我们的天命是什么，必须由我们自己努力来证明。有没有好兄弟，有多少好朋友，都是天命，也都由我们自己来实现。

建议

"四海之内，皆兄弟也。"我们怎样修养自己的品德，来决定我们这一生有多少好兄弟、好朋友。

民无信不立

子贡问政。子曰："足食，足兵，民信之矣①。"

子贡曰："必不得已而去，于斯三者何先？"曰："去②兵。"

子贡曰："必不得已而去，于斯二者何先？"曰："去食。自古皆有死，民无信不立。"

主旨

孔子教导子贡为政的方法与应变的道理。

注释

①"足食，足兵，民信之矣"指仓廪充实，军备修整，然后教化实行，而后民才能信于政府。②"去"即去除。

今译

子贡请问怎样为政。孔子说："充足粮食，修整军备，使人民信任政府。"

子贡说："如果迫不得已，在这三项中要先去除哪一项呢？"孔子说："去除军备。"

子贡说："如果迫不得已，在剩下两项中要去除哪一项呢？"孔子说："去除粮食。自古以来，人都免不了一死。人民如果不信任政府，国家就建立不起来。"

引述

　　孔子把充足粮食、整修军备和建立人民的信任，当作施政的三大要项。一切生产，莫不为了足食；所有军备，都是为了足兵。仅仅这两项，很难区分王道和霸道。所以，孔子认为迫不得已时可以去兵，也可以去食，唯有诚信立国，使人民对政府有信心，才是王政的主要特征，一定不可以忽视。

　　既然诚信这么重要，孔子为什么把它摆在足食、足兵之后，最后才提出来呢？因为仓库里粮食充足，才能用心整修军备；安全获得保障，才能够实施教化；但是依重要性而言，教化的功效当然比足食、足兵更为优先。

自我要求

　　（一）以诚信立国，而不主张以强大的军备立国，这是王道和霸道的主要差异。唯有民众真诚爱戴和支持，才是真的强国。

　　（二）自古以来，人人都不能不死，所以去除粮食和军备，只要民众对政府有信心，仍然不至于亡国。国家虽然衰弱，民众的斗志依然十分坚强，当然不会灭亡。

　　（三）民无信不立，是指国家而言；人无信不立，是对个人来说。无论团体还是个人，都应以信用为重，不可轻忽。

建议

　　无论从事什么行业，都应该信用第一。

君子成人之美

子曰："君子成人之美①，不成人之恶；小人反是②。"

主旨

孔子论述君子与小人的用心不同。

注释

①"成人之美"中的"成"即成全，"美"指善事、好事。②"反是"意思是与这正好相反。

今译

孔子说："君子成全别人的好事，不成全别人的坏事。小人刚好相反。"

引述

成全是一种难得的美德，必须具有欣赏、接纳以及宽宏大量的素养。先要欣赏别人的长处，能够接纳所做的好事，并且衷心加以赞扬和协助。

小人的心胸，通常比较狭窄，见不得人家好。一旦发现别人有什么长处，必定想办法揭发他的缺失，大力加以批判和指责。

君子希望通过成全的美德，使所有的人都逐渐成为好人。小人深怕别人好过他，恨不得所有的人都变成小人，来掩饰自己的过错。

帮助别人做好事，不帮助别人做坏事。成全具有选择性，不能够什么都热心帮忙，变成滥好人。

自我要求

（一）成人之美是一种成全的美德，不一定出钱出力，也不一定亲自参与，只要不打击、不攻讦、不抹黑、不曲解，就会顺水推舟，让好事能够顺利完成，便是一桩美事。

（二）有些人认为自己完成的才是好事，别人所做的必须加以破坏，才不致显得自己无能。其实，世上可以做的好事有很多，各人做各人的，何必比来比去，还要加以打击？老子尚且倡导功成不居，何况放手让别人去建功呢？

（三）打击坏人是一种道德勇气，值得鼓励。打击好人，那就成为刻薄的小人，势必为大家所厌恶。我们只能打击坏人，不能打击好人。

建议

把成人之美，不成人之恶，当作自己的座右铭。经常反省，看看自己做到了多少。

君子以文会友

曾子曰:"君子以文①会友,以友辅仁②。"

主旨

曾子论述交友的好处。

注释

①"文"指诗书礼乐。②"辅仁"为辅导朋友一起施行仁道。

今译

曾子说:"君子以礼乐文章来结交朋友,用朋友来辅助自己培养仁德。"

引述

君子结交朋友是为了共同弘扬理想,小人不一样,是为了吃喝玩乐。我们常说的酒肉朋友,便是小人聚集在一起,很少从事正当的活动,对进德修业丝毫没有帮助。

君子通过文章学问,来结合某些志同道合的人士。大家互相尊重,彼此交换读书的心得,借由相互观摩学习,以增进各人自己的仁德修养。

曾子提出以文会友，也就是结识有益的朋友，然后以友辅仁，通过益友的互动，使自己的仁德获得精进。这是一条人人都走得通的有效途径，何乐而不为呢？

自我要求

（一）我们想了解一个人，最好看他结交的是哪一类型的朋友，看他平日读些什么书，再看他休闲时从事什么样的活动。应该八九不离十，可以做出初步的判断。

（二）所交的朋友，都是因道结合，有共同的理想，又能够彼此勉励、互相指点，对于仁德的提升必然大有帮助。与朋友共同学习，经常可以获得事半功倍的效果。

（三）发现朋友之间有言不及义的倾向，最好委婉劝导，千万不要浪费宝贵的时间。把大家的言行都引导到正道上来，是朋友之间应尽的道义责任。

建 议

发现有言不及义的现象，要赶快想办法，加以挽回。

子路第十三

欲速则不达

子夏为莒(jǔ)父①宰,问政。子曰:"无欲速②,无见小利。欲速则不达,见小利则大事不成。"

主旨

孔子教导子夏为政要有远大的眼光。

注释

①"莒父"是鲁国的一邑。②"欲速"指心中期望速成。

今译

子夏当莒父的邑宰,问孔子怎样施政。孔子说:"不要求速成,不要只看到眼前小利。求速成就不能达成任务,只看到眼前小利就不能成大事。"

引述

求近功,贪小利,是一般人常见的缺点,似乎很难避免。为自己的事业,求自己的私利,不过是自作自受,属于个人的选择，我们最好加以尊重。

政治是人民的事务，若是求近功事情就做不好，如果贪小利，根本成不了大事。孔子对子夏的这一番话，主要在告诉子夏，既然要为人民服务，必须眼光长远而顾全大局，一定不能够急功近利，以免人民受害。

自我要求

（一）急功近利，对于个人而言，也是有害无利，可惜一般人不明白这个道理，一天到晚要求快、快、快，而一无所成。

（二）有些人明白急功近利并不好，但是一见到小利，便心急如焚，深怕失去良机。知而不能行，实在令人担忧。

（三）见到小的便忘记大的，得小利却丧失更大的好处，对于从事政治的人士，应该是最大的罪过，因为对不起人民。

建议

好好想一想"欲速则不达"的道理，并在日常生活中用心实践。

言必信，行必果

子贡问曰："何如斯可谓之士矣？"子曰："行己有耻①，使于四方，不辱②君命，可谓士矣。"

曰:"敢问其次。"曰:"宗族称孝焉,乡党称弟焉。"

曰:"敢问其次。"曰:"言必信,行必果③,硁(kēng)硁然④小人哉!抑亦可以为次矣。"

曰:"今之从政者何如?"子曰:"噫!斗筲(shāo)之人⑤,何足算也?"

主旨

孔子教导子贡为人要笃实。

注释

①"行己有耻"指自己做事要能知耻而有所不为。②"辱"即辱没。③"果"为果敢。④"硁硁然"是坚决自守的样子。⑤"斗筲之人"比喻才短量浅的人。

今译

子贡请问:"怎么样才可以称为士呢?"孔子说:"自己行事能知耻,出使到外国能顺利达成使命,便可称为士。"

子贡问:"敢问次一等的呢?"孔子说:"宗族中的人都称赞他孝顺父母,乡里的人都称赞他恭敬尊长。"

子贡又问:"敢问再次一等的呢?"孔子说:"说话必定信实,做事必定果断,坚决自守,就算是器量狭小的人,也可算是次一等的。"

子贡说:"现在从政的那些人怎么样?"孔子说:

"唉！都是些才短量浅的人，怎么会算到他们的头上呢？"

引述

士有文士和武士两种，这里所说的只是文士的条件。最高明的文士是知耻而有所不为，能够好好地自律，出使外国时能顺利完成任务；次一等的孝敬父母，而且尊敬兄长；再次一等的则是坚持小信小忠的人。至于当时做官的人，就孔子的观察，根本都是奉命行事而已，不值得评论。

自我要求

（一）我国古代重视道德，所以非常重视士。因为士的工作对象是人，必须以身作则，道德修养应该很高尚，才能够成为人民的表率。

（二）现代把士称为读书人，要求必须读书明理，凡事依理而行，力求合理。使社会风气日趋良好，应该是读书人共同的责任。

（三）读书人如果不重视道德，势必利用知识来牟取私利，因此而影响到社会公益，那就没有资格称为士人了。在现代知识经济社会体系下，读书人除了学习专业技术之外，更应该加强道德修养。

建议

读书明理，是每一个知识分子都应该自我修行的课题。凡事力求合理，才有资格称为读书人。

君子和而不同

子曰:"君子和①而不同②,小人同而不和。"

主旨

孔子辨别君子与小人交友的不同心态。

注释

①"和"与"同"相对,有相反相成之意,即在矛盾对立中实现和谐统一。②"同"有曲从的意味。

今译

孔子说:"君子讲求和谐但不会苟且赞同,小人曲从人意,却不能做到中正和平。"

引述

"和""同"两字的异同,有很多解释:
(一)"和"指和谐相处,"同"为勉强求取一致。
(二)"和"是以道义相合,"同"指以利害结合。
(三)"和"是中正而平和,"同"是表面无意见。
(四)"和"指大原则相同,"同"为细节也一样。
(五)"和"为异中求同,"同"是只能同不能异。
我们认为求同存异,在大原则相同的前提下彼此尊重,好好商量，才是"和而不同"的君子。

自我要求

（一）勉强求同，难免各怀鬼胎，一旦发生利害冲突，马上四分五裂，就算现在不爆发，总有一天会出现重大的损失。

（二）真的大家都没有意见，其实也很危险。新朋友看见这种一言堂的气氛，恐怕也不敢加入，因为很难产生新气息。

（三）同而不和，实际上是混日子的和稀泥，表面上一团和气，结果却一事无成，把时间空过了，根本无法挽回。

建议

道义之交，在精不在多。利害相结合，再多也没有用，酒肉朋友而已。

善者好之，不善者恶之

子贡问曰："乡人皆好之，何如？"子曰："未可也。"

"乡人皆恶之，何如？"子曰："未可也。不如乡人之善者好①之，其不善者恶②之。"

主旨

孔子教导子贡如何明辨善恶。

注释

①"好"是喜欢的意思。②"恶"为厌恶,不受欢迎。

今译

子贡问:"一乡的人都喜欢他,这人怎么样?"孔子说:"还不可以说他一定是好人。"

子贡又问:"一乡的人都讨厌他,这人怎么样?"孔子说:"还不可以说他一定是坏人。倒不如一乡的好人都喜欢他,一乡的坏人都讨厌他,这才是真正的好人。"

引述

一乡的人都喜欢他,表示大家都看到他的优点,却没有人发现他的缺点,可见这个人很会伪装,或者十分会讨好别人。无论如何,这都是相当可怕的事情。

一乡的人都不喜欢他,证明他一定有被误解的地方,否则不太可能这样。譬如,执法如山而毫不变通,说话很直而不能妥当地拐弯,个性孤僻但不危害他人,都可能使大家不喜欢他,却不能指责他就是坏人。

好人说他好,还要加上坏人说他坏,才是真的好人;反过来说,坏人说他好,而好人一致厌恶他,才是真的坏人。

自我要求

（一）大家都这么认为，并不一定正确。公众的议论，只能够当作重要的参考，不应该盲目地全盘接受，有时候独排众议，反而更加贴切。

（二）想办法让大家都欢迎的人，大多是到处讨好，却毫无立场的乡愿。滥好人、好好先生，只能维持一阵子，时间长了，大家都厌恶。

（三）越是坏人，越重视表面工作，越会利用机会宣扬自己的好，或者从事大量公益活动，这种伪装善人的功夫如果不加以识破，我们就经常被蒙骗，以为他真的是好人。

建议

宁可当真小人，也不要做伪君子。

君子泰而不骄

子曰："君子泰①而不骄，小人骄②而不泰。"

主旨

孔子辨别君子与小人气度的不同。

注释

①"泰"即安适。②"骄"指骄傲。

今译

孔子说:"君子安详舒泰而不会骄傲,小人骄傲而不能安详舒泰。"

引述

君子的气度与小人不同,君子谦虚礼让,不会骄傲;小人得意忘形,自然流露出骄傲的神态。君子和而不同,所以十分安详舒泰;小人患得患失,当然不能够安详舒泰。

自我要求

(一)孔子几番分辨君子和小人的差异,用意在于促使大家多多向君子看齐,并且看清楚小人的状态,以期与之保持安全距离。

(二)君子和小人的主要不同,不在于专业知识和技能的差异,而在于品德修养的高低。从品德修养来区分,很容易明辨是君子还是小人。

(三)小人实际上也明白骄者必败的道理,只是稍微有一点成就时,便按捺不住而喜不自胜,不自主地骄傲起来。

建议

永远保持谦虚的态度,以求自由自在。

刚毅木讷,近仁

子曰:"刚、毅、木、讷①,近仁。"

主旨

孔子赞美刚、毅、木、讷的人。

注释

①"刚、毅、木、讷"中的"刚"指意志刚强,"毅"是果敢的意思,"木"指质朴,"讷"指言语迟钝。

今译

孔子说:"意志刚强、行为果敢、本性朴实、说话谨慎,具有这四种特质的人,已经很接近仁者了。"

引述

"刚毅"两字可以分开来看,也可以连在一起解释。"刚"字单用,意思是刚强。"毅"字单用,即为果敢。如果两个字连用，那就是坚定不移的意思。

公正无欲才能刚强，坚忍持久才能果敢。公正无欲而又坚忍到底，即是刚毅。只有这样的刚强和果敢才能力行，而力行近乎仁，所以近仁。

"木"和"讷"两字同样可以分开来看，也能够连接起来解释。"木"字单用，意思是质朴。"讷"字单用，便是迟钝。若是两个字连用，那就是迟钝实在，不失真情，所以近乎仁。

孔子说过"巧言令色，鲜矣仁"和"刚、毅、木、讷，近仁"，可以相对地互相照应，意思就更加清楚。

自我要求

（一）公正刚强的人，凡事只问应该不应该，不问喜欢不喜欢。应该做的事，再不喜欢也要去做；不应该做的，再喜欢也不会去做。

（二）一个人有志于行仁，再大的困难，都会尽力克服。若不能成功，很可能成仁，也就是牺牲性命，也在所不惜。

（三）现代社会普遍喜欢能言善道的人，以致不知提防而经常上当。

建议

真正口才好的人言行一致，专门做应该做的事情，是君子。

宪问第十四

君子不仁

子曰:"君子而不仁[1]者有矣夫,未有小人而仁者也。"

主旨

孔子勉励君子并警惕小人。

注释

[1] "不仁"指违背道德。

今译

孔子说:"君子有时候也会违背仁德,小人却从来没有行过仁德。"

引述

在孔子的心目当中,圣人的道德修养应该是最高尚的。仁者居第二位,而君子则列为第三。

圣人当然不可能有不仁的举动,"仁者安仁"(《里仁第四》），时时刻刻都合于仁。所以，孔子自谦"若圣与仁，则吾岂敢"（《述而第七》），自称"君子居之，何陋之有"（《子罕第九》）。君子偶尔也会出一些差错，孔子却以君子自居，实在十分谦虚。小人的品德，当然是最差的，只会怀土而不知怀德，只知怀惠却不能怀刑（《里仁第四》），小人不成人之美，反而成人之恶（《颜渊第十二》），难怪孔子说小人从来没有行过仁德。

自我要求

（一）君子也可能不仁，这是我们必须提高警觉的。不能够因为平日看起来像君子，便完全相信他的所言所行。

（二）如果经过多次的观察，某人确实是小人，那么他所说的话，哪怕再动听也不能相信，以免受害而后悔不已。

（三）君子偶有不仁，应该是无心的过失，而不是有意的犯错。只要知错能改不再犯，我们可以原谅，再给他机会。

建议

君子稍有不仁，还可以原谅。小人假仁假义，我们千万不要上当。

见利思义

子路问成人①。子曰:"若臧武仲②之知(zhì),公绰③之不欲,卞庄子④之勇,冉求之艺,文⑤之以礼乐,亦可以为成人矣。"曰:"今之成人者,何必然?见利思义,见危授命⑥,久要⑦不忘平生之言⑧,亦可以为成人矣。"

主旨

孔子论述一种完全的人格勉励弟子。

注释

①"成人"指人格完备的人,即"完人"。②"臧武仲"即臧孙纥(hé),鲁国大夫。③"公绰"即孟公绰。④"卞庄子"为鲁国卞邑的大夫,有勇。⑤"文"即修饰。⑥"授命"为致命,遇危难不惜牺牲生命。⑦"久要"指旧约,长久以前的邀约。⑧"平生之言"指平日所许诺的约定。

今译

子路问怎样才算是人格完备的人。孔子说:"要像臧武仲那样的智慧,孟公绰的不贪欲,卞庄子的勇敢,冉求的技艺,再加以礼乐的熏陶,也可算是人格完备的人。"接着又说:"现在人格完备的人,何必要这样子呢?只要能看见利益就顾到义理；遇到危难，不怕牺牲性命；与人有旧约，不会忘记平日许人的诺言，这也可以算是人格完备的人了。"

引述

才德兼备的人，才有资格称为成人。像臧武仲那样的智慧、孟公绰那样的不贪心、卞庄子那样的勇敢、冉求那样的多才多艺，还需要礼乐的陶冶，总共加起来才构成完美的人格。缺少其中任何一种，毕竟仍然有遗憾。

这么高的规格，对于子路来说，也许是太严苛了，所以孔子退而求其次，指出看见利益便能兼顾义理、遇到危难不顾生死、有所承诺长久信守这三个条件，认为具备这三个条件也可以称为成人了。

孔子所说的成人，便是现代的完人，也就是人格完美的人，有学问、有道德、有勇气，必须齐全。

自我要求

（一）我们骂人，常骂"不像一个人"，这是其他民族所难以了解的。没有学问可以像一个人，没有能力也可以像一个人，只有道德修养不好，就不像一个人。可见，作为中华民族的一分子，道德修养是十分重要的。

（二）《颜渊第十二》说过："为仁由己，而由人乎哉？"一个人要不要修养品德，完全可以自行决定，用不着和别人商量。立下志向，要成为健全的人，要陶冶高尚的品格，任何人都禁止不了，也抵挡不住。

（三）《子罕第九》说过："三军可夺帅也，匹夫不可夺志也。"有志竟成，只要立志向善，不断提高品德修养，自然有一天会成为完人。不必急，一步一步来，不能停，一直向前走。

建议

不要立志做大官，也不一定要立志做大事，但是一定要立志像一个人，提升自己的品德修养。

君子上达，小人下达

子曰："君子上达①，小人下达②。"

主旨

孔子论述君子与小人立身处世的不同。

注释

①"上达"指求上进。②"下达"指趋于下流。

今译

孔子说："君子依循天理，日求上进；小人追求私欲，日趋下流。"

引述

孔子不厌其详地分别从不同的角度,来区别君子与小人,目的在勉励大家向君子迈进,而不沦为小人。上达天理,力求天人合一,不断地上进,便成为君子;相反地,只想满足自己的欲望,追求自己的私利,很快就会成为小人。

自我要求

(一)君子和小人都不是天生的,而是后天经过学习,才逐渐形成的。人人自作自受,必须为自己成为君子或小人负起全部的责任。

(二)对于现代人来说,知道品德修养的重要性,凡事能够凭良心,自然成为君子;只知道争名夺利,不重视修德,当然成为小人。

(三)学识再丰富,技术再专精,声名再远播,事业再成功,只要品德修养不好,一定日趋下流,迟早成为小人。

建议

以上达自勉,而不以下学自我设限。

以直报怨，以德报德

或曰："以德①报怨，何如？"子曰："何以报德？以直②报怨，以德报德。"

主旨

孔子主张君子要重德行，不能只重才能。

注释

①"德"指恩惠。②"直"指公正无私。

今译

有人问："用恩惠回报怨恨，这样做对不对？"孔子说："那如何去回报对你有恩德的人呢？应该要用公正回报怨恨，用恩德回报恩德。"

引述

以恩报恩，以德报德，还要以直报怨，这才合乎孔子的主张。以直报怨，并不是以牙还牙、以暴还暴。现代社会主张诉之以法，让法律来加以制裁。

自我要求

（一）同等对待有恩和有仇的人，根本就是没有是非公义。我们不应该挟私怨以报公仇，却必须诉之以法，求得公正的制裁。

（二）不必记仇，更不要冤冤相报，但是公正合理地报怨，却是正当的途径。不能够以德报怨，否则是非不明。

（三）有恩德而不图报，心中不安。有恩德便要求回报，则是假仁假义。自动回报是好事，不可以提出回报的要求。

建议

培养以德报德、以直报怨的正当态度。

不怨天，不尤人

子曰："莫我知也夫！"子贡曰："何为其莫知子也？"子曰："不怨天，不尤①人，下学而上达②，知我者，其天乎！"

主旨

孔子自述反己自修的功夫。

注释

①"尤"为归咎，责怪。②"下学而上达"指从最基本的做人道理开始学起，日求上进。

今译

孔子说:"没有人能了解我啊!"子贡说:"为什么没人了解老师呢?"孔子说:"我既不怨恨天,也不责怪人,只是从人事上去学习,依循天理日求上进,能了解我的,只有天吧!"

引述

下学而上达,意思是下学人事而上达天道。孔子认为礼是人事行为的规范,仁是人事行为的本质,只有依仁合义,持续精进,才能够上达天道,而知天命。

知天命的指标,即在不怨天、不尤人,凡事逆来顺受。以孔子的修养,五十岁时才知天命,可见实在不容易。像孔子这样杰出的人,一般人当然很不容易了解,所以孔子自叹没有人能够了解他,只有天才能明白他的心情。

一般人忙于下学,根本没有上达的可能。孔子说"中人以下,不可以语上也",关于天命的部分,很少向这些人提起,因为它比较高明,并不是一般人所能知道的。

自我要求

(一)下学而上达,下为人,上为天。由人事上达天命,才有天人合一的可能,当中不需要神明的媒介,成为中华文化以人为本的特色。

(二)"我欲仁,斯仁至矣!"(《述而第七》)命在天也在我，便是天人合一的明证，人人都可以做到，只要不断地从道德实践中去体会，逐渐提高自觉，以求上达。

（三）"人能弘道，非道弘人。"（《卫灵公第十五》）天道只能自存，无法弘人。我们必须充实下学的功夫，才能弘扬天道。

建议

提高自己的自觉能力，体会自己的责任，并且自愿承受完全的后果。

知其不可而为之

子路宿于石门。晨门①曰："奚自②？"子路曰："自孔氏。"曰："是知其不可而为之者与？"

主旨

看门的人向子路表明对孔子的看法。

注释

①"晨门"为掌管早晨开启城门的人。②"奚自"即从何而来。

今译

子路在石门城外住了一夜,第二天一早进城,守门的人问他:"你从哪里来?"子路说:"从孔家来。"守门的人说:"就是明知不可为而为之的那个人吗?"

引述

一般人做事,免不了要做一番盘算:可行性如何?有多大的胜算?这是不能承天知命的表现,我们不能够责怪,更不必加以嘲笑。大多数人反而认为这样做才是对的,非学习不可。

孔子心里明白,他所承担的重责大任,非一般人所能了解,因此对于不断出现的阻碍和打击,都无怨无悔,不厌不倦,毫无计算的必要。守门的人说他明知不可为而为之,实在形容得十分恰当。

只问自己有没有尽心尽力,不计较能不能达成预期的效果;进一步明明知道不可为,还是甘愿承担所有的困难,勇敢地向前迈进。这种明知不可而为之的精神,令人敬佩!

自我要求

(一)对于事业,当然要盘算、计划,可行才去做,以免浪费时间,也浪费资源。对于品德修养,则不能为了怕吃亏而投机取巧,否则耽误自己的进程,势必后悔莫及。

(二)应该做的事情,遭遇到再大的困难,也要不折不挠,勇往直前,哪怕最后不能成功,也应该知不可而为之。孔明六出祁山，正是这种精神的发扬。

（三）把所有客观的艰难、灾祸都看成自我锻炼的关卡，抱着三国时代关公过五关斩六将的勇气和毅力，自强不息地承担一切的后果。

建议

天将降大任给我们，必先锻炼我们的心志和身体。承担一切苦难，必能完成重大的任务。

修己以安人

子路问君子。子曰："修己以敬①。"
曰："如斯而已乎？"曰："修己以安人②。"
曰："如斯而已乎？"曰："修己以安百姓。修己以安百姓，尧、舜其犹病③诸！"

主旨

孔子论述君子之道在于修己安人。

注释

①"修己以敬"即修身以礼。②"安人"指使他人安乐。③"病"是苦其不足的意思。

今译

子路问怎样才算是君子。孔子说:"持恭敬的态度修养自己。"

子路又问:"这样就够了吗?"孔子说:"修养自己,进而使别人安乐。"

子路又问:"这样就够了吗?"孔子说:"修养自己,再使百姓都得到安乐。修养自己,使百姓都得到安乐,连尧、舜都恐怕不能完全做到呢!"

引述

孔子主张"内圣外王",把一个人的内圣修养发扬到外王的事业上面,以充实内圣的人格。

修己以敬、修己以安人、修己以安百姓,代表"内圣外王"的三个层次,由浅而深,由近而远,也由亲而疏。先由修己以敬做起,进而修己以安人,再扩展为修己以安百姓。这种远大的目标,不要说一般人达不到,尧、舜都还不能完全达成;但是取法乎上,才能做到中等的程度,所以孔子三者都说出来,使大家勉力向前。

修己安人,必须一步一步由己及人,向外推展、发扬。修己是根本,不修己而妄想安人,实在是不可能的事情。现代人很急躁,处处想安人,却不能修己,所以事倍功半,甚至于反而生害。

自我要求

（一）对内修己，对外待人以敬，这是做人的基本要求。大家对自己产生信任感，自己才有进一步帮助他人获得安乐的机会。换句话说，才能够为他人服务，而且受人欢迎。

（二）要安百姓，必须从政，但是孔子所说的从政，并不需要直接投入实际的政治工作，只要以德治的精神来唤醒大家，促使德治得以真正实现，便是从政。

（三）先从法治做起，逐渐向德治提升，这是一条光明的大道，值得我们长期努力，不断向前迈进，以求达成。

建议

先以修己敬人要求自己，但是眼光要放远，给自己一些期待，能够逐渐向外扩展。

卫灵公第十五

一以贯之

子曰:"赐也,女(rǔ)以予为多学而识①(zhì)之者与②?"对曰:"然,非与?"曰:"非也,予一以贯③之。"

主旨

孔子教导子贡道学一贯。

注释

①"识"即记,记在心里。②"与"同"欤",疑问语助词。③"贯"即串。

今译

孔子说:"赐啊,你以为我是博学而强记的人吗?"子贡回答说:"是的,难道不是吗?"孔子说:"不是的,我只用一个基本道理将所学贯通起来。"

引述

一般人把多见多闻而又记忆力良好的人，称为博学多闻或者博闻强记。这样的人，有很多知识，却并未真正有学问，因为缺乏把这些知识贯串起来的道理，称不上系统知识。孔子当然多见多闻，记忆得十分清楚，但他拥有一般人所缺乏的中心思想，能够做到一以贯之。

子贡一边学习，一边经商，长年在外奔波，见多识广。他认为孔子不过是多学而识的长者，有时候还觉得孔子的见闻还不如他。经过孔子的指点，他才恍然大悟，自己所缺乏的是一以贯之的道理，因而更加敬仰孔子，也更加谦虚好学。

孔子所说的"非"，并不是否定博学强记，而是要求统合自己的中心思想，以免迷失了自己。

自我要求

（一）把历史当作过去的事情，不了解彼此之间的关联性，等于记得历史而不懂得历史，顶多讲出一些故事，却说不出其中的道理。我们读历史，不能只记住已经成为过去的年代和人物，应该从历史的教训中看出现在的问题，并且展望未来的发展，才能一以贯之。

（二）三十而立，最要紧的是建立自己的中心思想，当作自己做学问的总纲领，用以贯串自己的所见、所闻、所学，建立一套有系统的知识。

（三）孔子的一贯之道，曾子认为是"忠恕"，无论何时何地谈论或处理任何事情,这都是不能改变的原则。这样一来,再杂乱的见闻都能够统一起来,不致前后矛盾,乱了自己的思维和行为。

建议

为了避免受到"公说公有理,婆说婆有理"的多元困惑,使自己不致摇摆不定,最好及早建立自己的中心思想,把所学所知贯串起来。

工欲善其事,必先利其器

子贡问为仁。子曰:"工欲善其事,必先利其器。居是邦也,事其大夫之贤者,友①其士之仁者。"

主旨

孔子教导子贡成为仁者的方法。

注释

① "友"即交友。

今译

子贡请问怎样推行仁道。孔子说:"工人想要做好工作，必先磨利工具。居住在这个国家，要侍奉这国中的贤大夫，结交这个国家中有仁德的士人。"

引述

完成一件工作，需要内在的条件和外在的环境密切配合。推行仁道，好比工匠从事工艺一样，不但心中有良好的构想，还要磨利合适的工具。孔子的意思是先和社会贤达取得适当的互动，为贤能的官吏服务，有了这些有利的助力，才能顺利推动仁道。

《为政第二》的"君子不器"，"器"当作形容词。《公冶长第五》的"女，器也"，"器"当作名词使用。《子路第十三》的"及其使人也，器之"，"器"字是动词，表示量才为用。现在这个"器"字，则是名词，指使用的工具。同样一个"器"字，有不同的用途，也表示不一样的意义。汉字弹性很大，不容易作出精确的解释，小心明辨才好。

自我要求

（一）个人的力量十分有限，结合社会贤达共同努力，对于推行仁道，当然可以收到群策群力的效果。

（二）现代社会，最好通过社区活动，和当地的学校相配合，把仁爱、信义、和谐的精神从社区做起，以获得发扬。

（三）如果有政府的支持、长辈的指导，加上志同道合的朋友帮助，那么利用适当时机，通过合法活动，当然可以推行仁道。

建议

先参与、多体验，提升自己的仁道精神。

人无远虑，必有近忧

子曰："人无远虑①，必有近忧②。"

主旨

孔子教导弟子行事要设想周全。

注释

①"远虑"指周全的思虑。②"近忧"即随时可能发生的忧患。

今译

孔子说："一个人如果没有周全的谋虑，一定会有随时发生的忧患。"

引述

一般人看到远近，立即联想到距离。长远的思虑和眼前的忧患，实际上并没有什么关联性，顶多解释为设立长远的目标，以消除近期的迷失,这也相当牵强。

"远虑"意思是设想得更加周全,"近忧"是随时可能发生的忧患,为了减少忧患,最好考虑得更为周详、缜密。

自我要求

(一)思虑时,如果能够看得远些,自然更加周全。若是只想到眼前的情况,很可能顾此失彼,增加忧患的风险。

(二)防患于未然,意思是在忧患发生之前,便设法加以预防。这就需要事先设想周到,思虑周全,这样才能有效防止。

(三)不必害怕忧虑,却应该尽量做到减少忧虑。这种健全的心态,必须由现在开始培养,使之早日成为习惯。

建议

凡事多方面设想,做一些虚拟的沙盘演习,以增强自己的思虑能力。

君子求诸己

子曰:"君子求①诸己,小人求诸人。"

主旨

孔子辨明君子与小人用心的不同。

注释

① "求"是责备的意思。

今译

孔子说:"君子责备自己,小人责备别人。"

引述

一般人的习惯是先责备别人,再责备自己。比较好的习惯,则是同时责备自己和别人。孔子认为如果能够改变过来,只责备自己,而不责备别人,那就是君子了。

深一层想,自己应当做的事情,如果没有做好,根本不应该责备别人。我们若是明白"自作自受"的道理,对于自己的所作所为,原本就应该负起全部的责任,那就只会责备自己,而不致责备他人了。

自我要求

(一)规规矩矩做人,实实在在做事,本来就是自己应尽的本分。如果做不好,或者不够理想,当然应该求诸己,不应该求诸人。

(二)自己不努力,却企图将不理想的结果归罪于别人,这样的推卸责任,只不过是欺骗自己,于事无补。

(三)求诸人是一种不诚实的表现,也是爱面子在作祟。求诸己表示内心充实,对自己负责任,并不会没有面子。

建议

深一层体会"自作自受"的道理,培养凡事求诸己的良好习惯。

己所不欲,勿施于人

子贡问曰:"有一言而可以终身行之者乎?"子曰:"其'恕'乎!己所不欲,勿施于人①。"

主旨

孔子教导子贡"推己及人"的恕道。

注释

①"己所不欲,勿施于人"是孔子对"恕"的说明。

今译

子贡问:"有一个可以终身奉行的字吗?"孔子说:"大概就是'恕'字吧!自己不想要的,不要加在别人身上。"

引述

《里仁第四》说过:"夫子之道,忠恕而已矣!"那是曾子对于孔学的体会。现在孔子亲自说出一个"恕"字，证明曾子的体会十分深刻而正确。他进一步说明，恕便是己所不欲，勿施于人。后来，朱子直接说明"推己及人为恕"，也就是我们常说的"将心比心""设身处地""替别人想一想"。

这一个"恕"字，是终身可以奉行的道理，永远不会改变，也不需要加以改变。

现代有人主张"己所欲，施于人"，认为比"己所不欲，勿施于人"更加积极。实际上，"己所不欲"是自己能够直接认识的，而"己所不欲"大抵也是他人所不欲的；但是"己所欲"，必须站在对方的立场来设想，不能以自己的所欲便推定也是对方所欲，这一点实施起来十分困难。孔子的取舍，既实际又不会出差错。

自我要求

（一）我们先把"己所不欲，勿施于人"安放在自己心中，时刻提醒自己，务必将心比心，站在对方的立场设想。一定要等到自己的认知、判断、选择能力增加到相当程度，才能够"己所欲，施于人"，以免造成困扰，好意反而变成坏事。

（二）己所不欲，勿施于人，堪称为"恕"的金科玉律。这句话听起来容易，真正实践起来十分困难，常人做得到的并不多。不要以为念起来很顺口，便把它变成口头禅，说得顺溜却不能力行。

（三）拿自己作为衡量的标准，必须加上一个原则，那就是"自己所喜欢的，别人不一定也会喜欢；自己所厌恶的，别人大概也不会喜欢"。所以，孔子才说"己所不欲，勿施于人"，却没有说出"己所欲，施于人"。

建议

推己及人，最好从"己所不欲，勿施于人"着手，从现在做起，还要时时刻刻提醒自己，才能养成好习惯。

小不忍，则乱大谋

子曰："巧言乱德①。小不忍，则乱大谋。"

主旨

孔子教导弟子要慎言，也要有忍耐的功夫。

注释

①"巧言乱德"指花言巧语会败乱德行。

今译

孔子说："花言巧语会败乱道德。小事不能忍耐，就会败坏大事。"

引述

"巧言乱德"和"小不忍,则乱大谋",两者之间并没有什么关联性,唯一相同的在一个"乱"字。巧言的结果会乱德,小不忍的结果则是乱大谋。

"巧言乱德"和《学天第一》所说"巧言令色,鲜矣仁"合起来看,可见巧言本身并不是坏事,却常常弄巧成拙,搞出很多坏结果。说话中听,必须加上内容合理,否则不但败坏道德,而且不是有道的君子所应为的。

小不忍有两种可能:一是自己的个性急躁,遇到挫折或困难,忍耐不住而大发脾气;二是过分优柔寡断,对于自己或他人的小过失,不忍心加以责罚。两样的不忍,却造成同样的结果,那就是乱了大谋,使大事不能完成。

自我要求

(一)说话要中听,却应该更加小心不要害人、误人。因为中听的话,如果偏离了伦理道德,很容易把听的人引导到歧途上去,相当于诱人犯过,自己也有道义上的责任。

(二)忠言逆耳,使听者不好受,却具有警惕的作用,至少不会害人。巧言中听,听的人很乐意接受,感受到的影响更大,若是败坏道德,那就是不正当的迷惑。

(三)宽以待人,也有合理的限度。任何小过错,如果可能影响大局,都应该及时提出、改正,以资补救,不能因为是小事而不忍心指责,否则酿成大害。

建议

九分努力,还需要十分忍耐。忍耐比努力更为重要,从现在开始,加强自己的忍耐力,以免乱了大谋。

过而不改,是谓过矣

子曰:"过①而②不改③,是谓过矣。"

主旨

孔子勉励弟子有过要改。

注释

①"过"就是过失或过错。②"而"是如果的意思。③"改"即改正。

今译

孔子说:"有过失如果不改正,那才是真正的过失。"

引述

我们常说:人非圣贤,孰能无过。这句话用来勉励自己改过向善,是可以的,若是用来安慰自己——犯过不算什么,无过才属难得，那就完全错了。

无心的过失，必须引以为戒，以后不能再犯同样的错误，否则就变成有意犯错，罪加一等。有意的过错，应该检讨自己犯错的动机到底是为什么，找出原因，还要加以根本矫治，务求不再重犯。

把过失改正过来，便不必后悔，过去的让它过去，重要的是未来不能再犯。能改过，便是自新，值得安慰。不能改过，那才是真正的过错。

不必要求自己不犯过错，只要能够做到"不贰过"，不重犯同样的错误，已经很不容易了。要求过高，根本做不到，又有何用？

自我要求

（一）不必为了过失而后悔，却应该痛下决心，务必改过。只要不重犯，便是"不贰过"，不必用过去的事情来惩罚自己。

（二）遇一过，改一过，绝不拖欠，这就是向上的我，也是向善的我。存心上扬而不向下坠落，良心便能获得安顿。

（三）《学天第一》所说"过则勿惮改"和"过而不改，是谓过矣"，用意相同，都是说人要勇敢地面对过错，下决心改过。

建议

有过错不回避，有责任要勇敢地承担起来。

有教无类

子曰："有教①无类②。"

主旨

孔子主张教育机会均等。

注释

①"教"指施教。②"类"指等类、阶级。

今译

孔子说："受教育不分贵贱、贤愚，机会均等。"

引述

《阳货第十七》说："性相近也，习相远也。"人性十分相近，所不同的是习惯，而习惯可以改变，教育便是最好的方式。不论什么人，经过适当的教化，都可以自我充实、自我提升，成为品德修养良好的人。

居于这种人人都可以塑造的原则，孔子主张有教无类，不分贵贱、贤愚、性别、种族、阶级、地区，都应该尊重人接受教育的权利，给予人接受教育的机会。

自我要求

（一）现代主张国民义务教育，认为人人都有接受基本教育的义务，甚至于立法强迫执行，便是孔子有教无类的发扬。

（二）对于学习有障碍的人，我们要给予特殊教育，尽量协助这些智障者增强品德修养和生活能力，力求自立。

（三）有人向我们求教，应该适当地给予协助，不能存有歧视，不能要求必须付费，这也是有教无类的一种发扬。

建议

不可以好为人师，到处炫耀自己的才能，最好抱持"知之为知之，不知为不知"的态度，给予他人必要的协助。

道不同，不相为谋

子曰："道①不同，不相为谋②。"

主旨

孔子教导弟子与人共事要谨慎。

注释

①"道"在这里指各人的理念。②"谋"就是商量。

今译

孔子说:"各人的理念如果不同,那就不必在一起商量事情了。"

引述

理念代表一个人对人生的看法,也就是人生观和价值观。理念相同的人,对人生正途的看法比较接近,当然可以在一起商量事情,以求群策群力、同心协力,共同完成重大的使命。

如果理念不相同,各有不同的价值判断,在一起商量事情根本就是浪费时间。彼此分道扬镳,你走你的阳关道,我走我的独木桥,反而减少干扰,不致彼此妨碍。

"道"有两层意义,《公冶长第五》说"道不行,乘桴浮于海",这句所说的"道"具有价值判断。这里所说的"道"只是事实意义,并没有正邪、好坏的判断,各人的选择,当然居于各自的价值标准;但是不能因此而肯定自己所选择的道路才是正确的,以致否定了他人的选择。彼此尊重,互相包容,才是多元社会的和谐共处之道。

自我要求

(一)人一上百,就难免形形色色,各种各样,从而自以为是,甚至各行其是。这种多元现象是正常的,用不着大惊小怪,反而应该以平常心来看待,本来就这样。

(二)有不同的价值,才能证明自己的价值判断,才值得自己持续努力，否则大家都一样，自己也不过如此。

（三）人需要群居，更应该寻找志同道合的朋友共同奋斗，也应该常常在一起商量。我们要的是少数人，不难找到。

建议

不必计较别人的长短，应该反过来审视自己的言行是不是合乎自己的理想，再看看亲近的朋友又是如何。

季氏第十六

既来之，则安之

季氏将伐颛（zhuān）臾①。冉有、季路见于孔子，曰："季氏将有事于颛臾。"孔子曰："求！无乃尔是过与？夫颛臾，昔者先王以为东蒙主②，且在邦域之中③矣，是社稷之臣④也，何以伐为⑤？"冉有曰："夫子欲之，吾二臣者皆不欲也。"孔子曰："求！周任⑥有言曰：'陈力就列，不能者止⑦。'危而不持，颠⑧而不扶，则将焉用彼相⑨矣？且尔言过矣，虎兕⑩（sì）出于柙⑪（xiá），龟玉毁于椟⑫中，是谁之过与？"冉有曰："今夫颛臾，固而近于费（bì）。今不取，后世必为子孙忧。"孔子曰："求！君子疾夫舍曰欲之而必为之辞。丘也闻有国有家者，不患贫而患不均，不患寡而患不安。盖均无贫，和无寡，安无倾。夫如是，故远人不服，则修文德以来⑬之。既来之，则安之。今由与求也，相夫子，远人不服而不能来也；邦分崩离析⑭，而不能守也；而谋动干戈⑮于邦内。吾恐季孙之忧，不在颛臾，而在萧墙之内⑯也！"

主旨

孔子想用大义阻止权臣伐国的阴谋。

注释

①"颛臾"是国名，鲁国的附庸国。②"东蒙主"，"蒙"是山名，因为在鲁国东边，所以称为东蒙。先王封颛臾于蒙山之下，以便其祭。③"邦域之中"指在鲁国境内。④"社稷之臣"即国家的属臣。⑤"为"是语末助词，表示疑问。⑥"周任"为古代的良史。⑦"陈力就列，不能者止"指居其位的臣应当尽才力而为，不能施展才力，则当辞去。陈力：贡献力量。就列：就任职位。止：去位。⑧"颠"即跌倒。⑨"相"指扶导盲者的人。⑩"兕"指野牛。⑪"柙"为栅栏。⑫"椟"即匣。⑬"来"指招徕，招致。⑭"分崩离析"，指各怀异心不能团结。⑮"干戈"即战争。⑯"萧墙之内"为国君的屏风之内，指鲁君。"萧"即肃，"墙"指屏。君臣相见，到了放置屏风的地方就要更加肃敬，所以称为萧墙。

今译

季氏将要讨伐颛臾。冉有、子路来见孔子，说："季氏准备出兵讨伐颛臾。"孔子说："冉求啊！这岂不是你的过失吗？那颛臾，从前我们先王封他为东蒙山的主祭，而且在鲁国境内，也是鲁国的属臣，为何要讨伐它呢？"冉有说：

"这是季孙想要做的,我们两人本来都不同意。"孔子说:"冉求啊!从前周任说过:'担任一项职务,当尽力去做,如果不能恪尽才力,便当辞去那职位。'譬如扶导盲人,到了危险的地方不扶持他,快跌倒了不扶住他,那又何必要扶导盲人的人呢?况且你这话也说错了,好比老虎、野牛从栅栏里跑掉,龟和玉在匣子里毁坏了,这不是管理的人失职,那又是谁的过失呢?"冉有说:"如今的颛臾,城墙坚固,又靠近季氏的私邑费县,现在不攻取,后世必定成为子孙们的祸害。"孔子说:"冉求啊!君子最讨厌的,就是不说自己的贪欲,还要为自己说些掩饰的话。我听人讲过,一个诸侯国或卿、大夫的家,不愁财富少,只愁财富不能平均,不愁人口少,只愁上下不能相安。因为财富平均,就无所谓贫穷;人民和谐相处,就不会觉得人少;境内安定,国家就不会倾覆。能够如此,远方的人如果还不归服,就整顿礼乐文教来招致他们。他们既然来了,就要好好安顿他们。现在,仲由和冉求你们两人辅佐季氏,远方的人不来屈服,却不能招徕他们;国家分离瓦解,你们却不能保全,反而想在国内发动战争。我恐怕季孙的忧患,并不在颛臾,而是在国君的屏风之内呢!"

引述

做学生的遇到重大事情,向老师报告,并且请求指教,这是常见的情况。当时鲁国分为四个部分,季氏已经拿掉两份,孟孙、叔孙各拿一份,只剩下颛臾这个附庸国,季氏还想吞掉它。

孔子不赞成，冉有和子路这两个学生也都说不愿意这样做，却劝阻无效。孔子引用更早的贤人周任所说的"陈力就列，不能者止"，意思是能做才做，不能做为什么不请辞官职呢？告诉两个学生，如果时局到了不能挽救的地步，不如退隐。冉有忽然又找出一个理由，被孔子指责一番，果然自作自受。

自我要求

（一）"不患贫而患不均"，现代还经常被引用，表示贫富的分配最好不要过分悬殊，以免引起社会的不安。同时，"不患寡而患不安"，也常用来警示我们，治理国家最重要的是安定，不怕人口少、贫穷等，怕的是不安、不公、不均。

（二）"远人不服，则修文德以来之。"长久以来，礼、义、仁、乐成为中华文化号召各方人民心悦诚服地归顺的一种和平而合理的方式，大家既来之，则安之，真能够和而不同。

（三）祸起萧墙，现代多用以形容发生于自家内部的祸患，或者家庭中的纷扰，和外部的祸乱无关，也不是从外向内侵入的祸乱。

建议

财富平均、上下合谐、彼此安宁，是任何团体共同努力的目标。

君子三戒

孔子曰："君子有三戒：少之时，血气未定，戒之在色①；及其壮也，血气方刚，戒之在斗②；及其老也，血气既衰，戒之在得③。"

主旨

孔子教导弟子在人生不同的时期应该戒慎的事。

注释

①"色"指女色。②"斗"即争斗。③"得"指贪求占有。

今译

孔子说："君子有三件应该警惕戒慎的事：少年时，血气未定，应该警戒不要把精力放纵在女色上；壮年时，血气正旺盛，应该警戒不要动怒斗殴；老年时，血气已衰退，应该警戒不要贪得无厌。"

引述

人生不断成长，也持续产生变化，每一个阶段都有不一样的冲动，若是不能合理加以调节，便会招惹烦恼和苦难。

年轻的时候，容易在女色方面放纵自己，最好特别戒慎。壮年时争强好胜，加上体力壮健，必须戒之在斗。老年时血气衰退，又顾虑来日无多，往往贪得无厌，应该自我警惕，加以克制。

自我要求

（一）人只要活着，无论在哪一个年龄阶段，都必须遵循天理而行，稍有大意，本能就会冲破理性的约束，由欲望主导，难免有令人担忧的冲动，表现不合适的言行。

（二）年轻时血气未定，最好戒之在色。现代人似乎不重视保护自己，在这一方面的约束，反而相当放宽，实在不妥当。正确的性教育，应该在青少年时期就进行。

（三）戒之在得，原来只是老年人应该重点警戒的。现在物质生活水平提高，使得大家的贪念普遍地高涨，甚至于为了钱财而奋不顾身，这值得大家警惕。

建议

君子有三戒，对色、斗、得的警戒才有可能使自己的道德修养得到提升。

君子三畏

孔子曰："君子有三畏①：畏天命，畏大人，畏圣人之言。小人不知天命而不畏也，狎②（xiá）大人，侮③圣人之言。"

主旨

孔子以"君子三畏"来教导弟子。

注释

①"畏"是敬畏的意思。②"狎"指由于亲近而轻忽。③"侮"即不敬重。

今译

孔子说:"君子表现三种敬畏的态度:敬畏天命,敬畏高位的人,敬畏圣人的话。小人不知天命而不敬畏,常见地位高贵的人而轻忽了礼貌,不敬重圣人所说的话。"

引述

《中庸》第二十章有一句话:"思知人,不可以不知天。"意思是想知道人,就不能不知道天。我们必须研究天道,探索宇宙自然的道理,才能够应用在人生的各方面。"命"这个字,由口和令组合而成,也就是命令的意思。自己有能力办得到的事情,自己可以命令自己;自己的能力达不到的地方,譬如死亡、命运、成败等,最好听从天的命令。天的命令即是天命,孔子学习到五十岁,才证知天命。我们说证知,是因为孔子并不把天命当作知识来研究,而是经由做人做事的过程中,在实践的体验中所感悟到的。

君子了解天命,知道大人是人格伟大的君子,明白圣人的话十分珍贵，最好奉为人生的座右铭，所以列为君子敬畏的三种主要对象。

小人刚好相反，不了解看不见的天命，不知道大人的可贵，也不明白圣人所说言论的重要性，因此不敬畏天命，轻视大人的品德典范，不敬重圣人的言论。

自我要求

（一）孔子一直到五十岁才知天命，可见要了解天命，并不容易。我们在尚未了解之前，最好不要随意否定，就算是一种不同的体验，也应该用心来体会。

（二）重视宗教信仰的人，把一切问题的责任都交给神。敬畏神，对神产生信心，是神本位的态度。我们是人本位，自己的责任，要由自己来承担。我们敬天、敬畏天命，实际上是把天道和天命落实在人的道德修养上。我们应该重视自己的道德修养，否则天命随时可能远离我们。

（三）敬畏天命、敬畏大人、敬畏圣人之言，都把责任交给自己。我们不把责任推给神，更不能逃避责任，这才是人性最高的尊严，也是中华人文精神的动力。

建 议

先把天命、大人和圣人的意思想一想，再加深印象，逐渐增进自己的认识和体悟。

阳货第十七

色厉而内荏

子曰："色①厉而内荏②（rěn），譬诸小人，其犹穿窬③（yú）之盗也与？

主旨

孔子感叹当时的人表里不一。

注释

①"色"即外貌。②"荏"为柔弱。③"窬"指从墙上爬过去。

今译

孔子说："脸色严厉，内心怯懦，这种人如果用小人来譬喻，大概就像挖洞翻墙入室盗窃的小偷吧？"

引述

孔子这一番话，是针对那些欺世盗名却身居高位、握有权势的人，说他们外表严厉，内心却十分软弱，简直像挖墙洞的小偷。

　　这样的人，为什么能居高位握有权势呢？我们只能说是时代的不幸，人民的不幸！除此之外，又能说什么呢？孔子感叹"天下之无道也久矣"（《八佾第三》），这里又说出这样的话，可见当时的社会十分混乱。

自我要求

　　（一）欺世盗名的意思，是欺骗世人而窃取名誉，不论是徒有其名还是名过于实，只要蒙过当时的人，便能够窃取虚假的名誉，甚至于流传到后代。

　　（二）我们常说要经得起时间的考验，便是每一个时代都可能出现欺世盗名的人，必须通过严格的考验，较长时间的观察，才能够相信。

　　（三）色厉内荏已经成为通用的成语，意思是外貌刚强而内心怯懦。看起来很威严，实际上十分软弱，根本承受不了压力，通过不了严格的考验。

建议

　　最好实至名归，以免色厉内荏。

乡原，德之贼也

子曰："乡原①（yuàn），德之贼②也。"

主旨

孔子说明乱德的人。

注释

①"乡原"指外貌忠厚而内心巧诈的人。②"贼"指伤害。

今译

孔子说："外表忠厚而内心巧诈的假好人，真是毁坏道德的败类。"

引述

外表忠厚老实的人，内心可能十分诚信，也可能诚信不足。我们既然难以判断，只好多费时间，详加考察、用心研判，才不致产生误解。

外表忠厚老实而又表里如一的人，当然最好。万一表里不一致，那就是存心拿忠厚老实做手段，来骗取别人的喜爱和信任，实在是十足的伪善者。还有一种可能，便是自己缺乏原则，但求追随世俗，同流合污，到处受人欢迎，成为典型的和稀泥之人。

无论是哪一种，都是毁坏道德的假好人，活该被骂为"乡原"。现代社会这种人仍然很多，要特别小心。

自我要求

（一）好人有真有假，看起来一模一样，以致真假难辨。假好人往往比真好人"更好"，因为存心欺骗别人，不得不特别用心才能诱人上当，令人产生信任感。

（二）乡原的特性是不论是非，缺乏原则，见风转舵，皆大欢喜。这种人不但自以为得意，而且经常成为大家欢迎的好好先生，由此可见现代人的浅薄无知。

（三）最可怕的是那些大家都认为廉洁的人，实际上并不廉洁；大家普遍信任的人，结果却不值得信任。这种人把廉洁、不廉洁，诚信、不诚信，都搞混乱了。

建议

先从自己做起，宁可不受欢迎，也不能"乡原"！

道听而涂说，德之弃也

子曰："道听而涂①说，德之弃②也。"

主旨

孔子指出传播谣言是失德的行为。

注释

①"涂"同"途",道路。②"弃"是抛弃的意思。

今译

孔子说:"在道路上听到传言,就在路途中传播出去,就等于抛弃了应守的道德。"

引述

人家随便说说,我们随便听听,大家都不当一回事,算是闲聊,纯粹为了打发时间,顶多是一种浪费,还不致伤害别人。

人家随便说说,我们就把它当成真的,然后到处去传播,万一伤风败德,或者破坏他人的名誉,那真是罪过。

我们搞不明白人家所说的是真是假,有没有什么不良的企图,是不是想利用我们传达些什么信息,为什么不仔细想想、用心明辨,就糊里糊涂成为人家利用的工具呢?

就算不伤害任何人,对自己也有很大的不利。养成道听途说的坏习惯,迟早有一天被人利用,或伤害别人。

自我要求

(一)未经证实的话,不要传播,这才合乎"知之为知之,不知为不知"（《为政第二》）的需求，愈具有影响力的人，愈需要重视这方面的修养。

（二）喜欢道听途说的人，一旦被察觉了，便会失去大家的信任。更可怕的是，迟早变成大家利用的对象，把他当作有心利用的传播工具，而且还是免费的。

（三）听到任何信息，务必经过慎思明辨，用心辨明真伪，这是现代信息爆炸时代人人必须具备的修养。与孔子那个时代相比，要更加小心才好。

建议

自己不要道听途说，也不要相信道听途说的人。

患得患失

子曰："鄙夫①可与事君也与哉？其未得之也，患②不得之；既得之，患失之。苟患失之，无所不至矣。"

主旨

孔子劝导弟子不要有患得患失的庸劣心态。

注释

①"鄙夫"指庸劣的人。②"患"指害怕。

今译

孔子说:"庸劣的人可以跟他一起侍奉君主吗?当他没有得到职位的时候,唯恐得不到。已经得到了,又害怕失去它。假如害怕失去它,便会无所不用其极了。"

引述

"患得患失"是一句通用的成语,意思是得失心很重,经常很不安。患得患失的心态,使人唯利是图,不理会合理不合理。尚未获得机会,忧心抢不过别人,已经得到官位,又忧心什么时候被挤掉。一个人只要担心害怕失去官位,恐怕什么事情都做得出来,岂不是十分可怕!

当官的人若是患得患失,就不敢忠言直谏,对于君主的失误完全不敢置评,也不敢有什么建议。这样的庸劣小人,可以担任公职吗?

自我要求

(一)患得患失的人,对长上只好忍气吞声,因此表现出虚假的忠诚,一天到晚担心害怕失去职位,难免不择手段来保持自己的位置。

(二)有机会就掌握,没有机会便继续充实自己,得也愉快,失也不觉得痛苦。这种随遇而安的心态,才是有所为有所不为的勇者。

(三)不患得患失,才能不怨天也不尤人。一旦患得患失,必然怨天尤人。这样，下学还可以，上达就做不到了。要想知命、知天，简直不可能。

建议

从自己做起，由小事情着手，培养不患得也不患失的良好心态。

唯女子与小人为难养也

子曰："唯女子①与小人②为难养也，近之则不孙③，远之则怨。"

主旨

孔子慨叹侍妾、仆人难以相处。

注释

①"女子"即侍妾。②"小人"指仆人。③"孙"通"逊"，为谦让。

今译

孔子说："只有婢妾和仆人是难以相处的，亲近了便会无礼，疏远了就会怨恨。"

引述

孔子这一句话经常被人拿来大做文章，痛加鞭挞，说孔子守旧、重男轻女，加上一大堆罪名。

实际上孔子再了不起，也是人而不是神，他和我们一样有喜、怒、哀、乐。这一句话流传下来，正好表示《论语》的亲和性和真实性，否则老早就被篡改或删除掉了，哪里会保留这样的记载。

"唯女子与小人为难养也"，所指的"女子"，应该是婢妾这一类人，自己没有什么修养，却依仗主人的权势，难免作威作福。"小人"则专指仆人，由于狐假虎威，所以太接近时就不恭敬，而太疏远时就会怀恨。

这一番谈话，感慨的成分比较浓厚，原本就不是事实的叙述，或者实证的记录。有些女子与小人确属如此，有些则未必然，我们把它当作一种提示，遇到时不至于生气，也不必愤怒，岂不是多一面镜子，多一种参考？

自我要求

（一）男女两性，都有修养良好的，也都有修养很差的，不能以偏概全，说什么天下的男人没有一个有良心的，或者说凡是女人都很难养。

（二）"近之则不孙，远之则怨"，其实是很多人都会有的不良反应。我们拿来反省自己，改善自己，才是明智之举。

（三）男人和女人，是有很多差异的。男人说女人，女人说男人，难免有一些成见或偏见，不必过分敏感，坦然一些，反而容易沟通。

建议

好好反省自己，是不是多少有一些"近之则不孙，远之则怨"的心态，想办法改正才是当务之急。

微子第十八

吾老矣，不能用也

齐景公待①孔子，曰："若季氏，则吾不能，以季、孟之间②待之。"曰："吾老矣，不能用也。"孔子行。

主旨

齐景公谈对待孔子的礼节。

注释

①"待"即礼遇。②"季、孟之间"：鲁国三卿，季氏最尊，孟氏为下卿。齐景公打算以季氏和孟氏之间的礼节来接待孔子。

今译

齐景公谈到接待孔子的礼节，说："像鲁君对待季氏那样的礼貌，我做不到。我将用次于季氏，高于孟氏的礼节来接待孔子。"后来齐景公又说："我老了，不能重用他了。"孔子就离开了齐国。

引述

　　齐景公这几句话应该不是当着孔子的面说的，他和臣下商议如何接待孔子时说出高于孟氏而低于季氏的标准，后来干脆表示自己年老，不能重用孔子。在这种情况下，孔子离开齐国是必然的。

自我要求

　　（一）有贵客来临，事先商议接待的礼节，当然有必要。订出来的标准，合不合理，贵客心里有什么感受，可能产生什么后果，应该是考虑的重点。

　　（二）原本想以礼相待，后来却直接说出年老不能重用，这样的变化，其中必有缘由。传闻是有齐国大夫想加害孔子，所以齐景公才这样表示。可见，我们要判定是好意还是恶意，必须深一层探讨真相，才能正确判断。

　　（三）孔子有心担任公职，想好好做一些事情，但他也不强求，不患得患失，这是十分难得的修养，值得大家学习。

建议

　　每一个人都有他的难处。我们常说家家有本难念的经，最好将心比心，多加体谅，不要勉强求取。

鸟兽不可与同群

长沮（jù）、桀溺①耦而耕②，孔子过之，使子路问津③焉。

长沮曰："夫执舆者④为谁？"

子路曰："为孔丘。"

曰："是鲁孔丘与？"

曰："是也。"

曰："是知津矣。"

问于桀溺。

桀溺曰："子为谁？"

曰："为仲由。"

曰："是鲁孔丘之徒与？"

对曰："然。"

曰："滔滔者天下皆是也，而谁以易之？且而与其从辟人之士也，岂若从辟世之士哉？"耰（yōu）而不辍⑤。

子路行以告。

夫子怃（wǔ）然⑥曰："鸟兽不可与同群！吾非斯人之徒与而谁与？天下有道，丘不与易也。"

主旨

孔子周游天下，却被隐者讥讽。

注释

①"长沮、桀溺"是楚国的两位隐者，失其姓名，因其居渡口，所以称"沮""溺"。②"耦而耕"即并耕。③"问津"指询问渡口。④"执舆者"指在车上执辔的人。⑤"耰而不辍"为覆种而不停止。⑥"怃然"是怅然失意的样子。

今译

长沮和桀溺两人一起耕田，孔子刚好经过，叫子路去问渡口在哪里。

长沮问子路："在车上拉着缰绳的是谁？"

子路说："是孔丘。"

长沮问："是鲁国的孔丘吗？"

子路说："是的。"

长沮说："他应该知道渡口在哪里。"

子路又向桀溺问渡口。

桀溺说："你是谁？"

子路说："我是仲由。"

桀溺说："是鲁国孔丘的学生吗？"

子路答道："是的。"

桀溺说："天下都一样混乱，谁能改变呢？而且你与其跟随躲避坏人的人，倒不如跟随我们这些躲避社会的人。"说完，不停地犁土覆盖种子。

子路回来向孔子报告。

孔子怅然地说:"人是不能与飞禽走兽合群共处的,我不跟世人相处又跟谁相处呢?如果天下太平,我就不会图谋改革了。"

引述

"辟人之士"意思是躲避坏人的人,是桀溺对孔子的称呼。"辟世之士"意思是避开乱世的人,是桀溺对他们的自称。从桀溺的角度来看,"辟人"还不如"辟世"来得干脆而彻底,因为天下到处都是一样的混乱,哪里都有坏人,实在避不胜避,还不如避开整个乱世,不必再到处奔波、忙碌。孔子的看法则是,像桀溺这样的态度,简直是哀莫大于心死,和鸟兽一样,只有生物性的生命,缺乏对文化性生命的关怀。孔子坚持"辟人"而不"辟世",永不放弃对行道的期望,不得不隐的时候,依然寄望于天下有道的可能性,天下太平的时候,孔子根本用不着操心,反而是天下不太平时,孔子才需要想办法加以改变。就算到处都有坏人,也要明知其不可而为之,毕竟任重道远,仍然需要大家一起来努力,才能促使人类的文化生生不息。

子路向长沮请问渡口在哪里,长沮回答孔子一定知道过渡的地方,这是一种讽刺,也是表示轻视的意思。桀溺更直接反问子路,为什么偏要追随"辟人"的孔子,却不知道和他们这些"辟世"的人在一起。两人都不告诉子路渡口的位置,用意即在刺激孔子,暗示孔子不如放弃"辟人",转而"辟世"。

自我要求

（一）曲高和寡，层次较高的人，往往要承受层次较低的人某种不明事理却又自以为是的批评和讽刺。经过长时间的考验，我们才明白孔子对人类文化的关怀，并不是一般人所能够了解的。

（二）站在不得不隐的立场，实在不得已，才暂时退隐，却仍然随时注意机会，永不放弃济世的心愿，始终怀抱和人类在一起共同奋斗不懈的心愿，其实就是我们常说的大慈大悲，蕴含着无比的深情。

（三）孔子的退隐思想是"辟人"而不"辟世"，有改革的理想，却不肯屈从无道的君王。因此，不想隐却不得不隐，我们可以称为"道隐"或"时隐"，与一般的隐者大不相同。

建议

有机会造福人群，就不应该放弃。客观环境若是不允许改革，也不必凭着一股狂热横冲直撞，因为纵使头破血流，甚至牺牲性命，也无济于事。孔子主张有机会好好表现，没有机会也不必自怨怀才不遇而心生不平。看似消极实际上十分积极，这很值得大家参考。

无可无不可

逸民①：伯夷、叔齐、虞仲、夷逸、朱张、柳下惠、少连。子曰："不降②其志，不辱其身，伯夷、叔齐与！"谓："柳下惠、少连，降志辱身矣。言中③（zhòng）伦④，行中虑，其斯而已矣。"谓："虞仲、夷逸，隐居放言，身中清，废中权。我则异于是，无可无不可。"

主旨

孔子评论七位贤者的处世之道，并说明自己不一样的主张。

注释

①"逸民"指遗世独立的人。②"降"即屈服。③"中"是合乎的意思。④"伦"即理。

今译

古往今来被遗落的贤人有：伯夷、叔齐、虞仲、夷逸、朱张、柳下惠、少连。孔子说："不屈降自己的心志，不侮辱自己的身体，是伯夷、叔齐吧！"又说："柳下惠、少连屈降自己的心志，侮辱自己的身体；不过言语合乎法度，行事经过思虑，也只有如此罢了。"又说："虞仲、夷逸避世隐居，放言高论，立身行事廉洁自守，离开官位合乎权宜。我和他们不一样，没有什么可以的，也没有什么不可以的。"

引述

伯夷、叔齐、虞仲、夷逸、朱张、柳下惠、少连这些人，都是没有什么成就的人士。孔子敬重他们，是因为他们的人格风范与众不同。伯夷、叔齐不屈降自己的心志，也不侮辱自己的身体。他们为了坚守节义，宁可饿死在首阳山上，求仁得仁，没有什么可以怨恨的。

柳下惠、少连屈降自己的心志，也侮辱自己的身体；但是语言得体，行事合理，仍然值得称颂。

至于虞仲、夷逸，避世隐居却能放言高论，立身行事也能廉洁自守，就算去官不出来做事，也不过是权宜应变的选择。

这些人遗世独立，没有做出什么实际的功业，却对后世子孙仍然有指引的作用。

孔子表示他的原则和这些人有很大的不同。他秉持的原则是无可无不可，可以出仕便出仕，不能出仕就暂时归隐，随时以合理为标准来应变制宜。

自我要求

（一）无可无不可，并不是见风转舵，脚踏两只船。随时见利忘义，投机取巧，绝对不是孔子所愿意见到的行为。

（二）无可无不可，是应该可的时候，一定要可；不应该可的时候，一定要不可。这是随机应变，而且务必合理，即《里仁第四》所说的"义之与比"。

（三）无可无不可，不是圆滑，更不是乡原，应该是圆通，是高度的智慧和艺术。一般人看不懂，常常把它看成圆滑，以致自误又害人。

建 议

多体会"无可无不可"的道理，明白事物本身原本就没有固定的可与固定的不可，必须在合理的标准之下来决定可或不可，并且在实际生活中多加运用。

子张第十九

日知其所亡

子夏曰："日知其所亡①（wú），月无忘其所能②，可谓好学也已矣。"

主旨

子夏说明好学之道，在于不断地温故知新。

注释

①"亡"同"无"。②"所能"指已学到的东西。

今译

子夏说："每天学到一些未知的知识，每月都温习一下已学会的东西，可以说是好学了。"

引述

子夏说这种话十分恰当，他把学到的心得说出来提醒大家，当然很好。他把"好学"的要点，分别列出"日知其所亡"（意思是每天都要学习一些自己所不知道的东西）和"月无忘其所能"（意思是每月都应该温习自己所学到的东西，以免忘记）两项，合起来称为"温故而知新"，不断提升自我。

《为政第二》记载："温故而知新，可以为师矣。"可以和这一番话合起来想。好学的人，逐渐充实之后，当然可以为师。

自我要求

（一）《论语》所说的学，比较重视智慧的开启。因为智能越启发，所学知识越多，就越有用；反过来说，智能不能开启，知识越多，心灵便越受到限制。由于不能活用，以致知识越多越无用。

（二）"温故"是指学过的知识不能忘记，"知新"是指增加一些新的东西。其实从温故当中可以产生新的领悟，创造出若干新的内容，同样是温故知新。

（三）《述而第七》指出：学习应该举一反三。实际上就是从已知的推出未知的，先由闻一以知二，逐渐由闻一以知十（《公冶长第五》），同样是一种温故知新的活用。

建议

养成温故知新的习惯，不断求取上进。

博学而笃志

子夏曰:"博学而笃志①,切问②而近思③,仁在其中矣。"

主旨

子夏说明求仁的方法。

注释

①"笃志"即坚守志向。②"切问"指切实问清自己所不明白的事。③"近思"指就自己的问题去思考。

今译

子夏说:"一个人能够广博学习并坚守自己的志趣,有疑惑能切实发问并多考虑当前的问题,仁道就在这里面了。"

引述

孔子十分重视仁道,子夏把他对于仁道的心得说出来供大家参考,很有价值。

"博学"是广博地学习,"笃志"即坚定自己的志向。有目标地学习,而不是漫无目标地乱学。

"切问"是一定要问个清楚,"近思"指慎思那些和自己有关的问题,并且推己及人,去了解别人。

如果能够做到这两项要求，也就可以明白仁的道理了。

自我要求

（一）道德是可以通过努力求知来增进的。子夏所说有目标地学习以坚定自己的志向，审问、慎思立身处世的道理，便是知仁、为仁的有效途径。

（二）《卫灵公第十五》说过，若非一以贯之，具有坚定的志向，单凭多学而识之，是不能为仁的；反过来说，只要坚定志向，多学而识之，再加上切问和近思，仁就在其中了。

（三）子夏是孔子的得意门生，能够用这么简要的话，把孔子有关为仁的道理说得这样精辟，可见其平日的用心值得我们学习。

建议

学习之后，经过自己的领悟和消化，能够用自己所熟悉的话把心得说出来，才是真正的学习效果。

学以致其道

子夏曰："百工居肆①以成其事，君子学以致其道②。"

主旨

子夏勉励读书人由学习获得做人的道理。

注释

①"肆"为官府制造器物的地方,好比现代的厂房。
②"道"在这里指做人的道理。

今译

子夏说:"各种工匠在工作场所完成自己的工作,君子则经由学习来获得做人做事的道理。"

引述

"肆"的意思,可以解释为工厂,也可以解释为市场。"百工"泛指工商业的从业人员。

工人在工厂里制作各种器物,好比商人在市场中探索人们的需求。同样的道理,君子也应该时常在学问之中,获得做人做事的道理。

士农工商都应该意志坚定,用心钻研和发展,只有这样,才能有良好的成就。

自我要求

(一)一般人说得多做得少,所以什么事情都做不好。君子学习做人做事的道理,最好像工商人士专心经营管理那样,才能学有所成。

（二）《宪问第十四》记载：言过其行是可耻的。又说：一个人要说到自己的事情而不会惭愧，那他平日的行为应该相当合理。要做到这样的地步，恐怕要和子夏所说的这一番话合在一起想才做得到。

（三）我们的品德，既看不见也听不到，只有从言语和行为双方面来考察，才能知晓；然而有人言行一致，有人却并非如此。孔子主张言行必须一致，后来由于不一致的人太多，所以主张听其言而观其行（《公冶长第五》）。可见行为的表现，比言语更加实际而重要。

建议

注意自己的言行，务必求取一致，而且还要做得多说得少，以免说得到做不到。

仕而优则学

子夏曰："仕①而优②则学，学而优则仕。"

主旨

做官与学习应该相辅相成。

注释

①"仕"指做官。②"优"指有余力。

今译

子夏说:"做官有余力就应该研究学问,求学有余力就应该从事公务工作。"

引述

人类是政治的动物,政治的最大功能,应该是提高人民的品德修养,促进人民的高贵生活。

君子不仕无义,却并不逃避政治。学问充实之后,愿意贡献所学,为人民服务,便是《微子第十八》所说的"君子之仕也,行其义也",为公家做事,是尽社会责任的具体表现。反过来说,担任公职以后,往往书到用时方恨少,这时候更清楚自己有哪些不足的地方,必须善用业余时间,致力于不足的地方,深入研究,以便把工作做得更好。

自我要求

(一)出仕和为学的目的,其实是一样的,都是为了唤醒自己和众人的道德良心,共同为增进人们的道德生活而努力。有机会担任公职,不能推辞,有时间求取学问,同样不能放弃。

(二)一般人只记得"学而优则仕",却严重地忽视了"仕而优则学"。因此做官的人,大多自认为官做这么大,还要读书吗？以致不进则退，越来越闭塞，越来越落伍。

（三）有没有出仕的机会，各人有各人的命，不必强求。有机会就要读书明理，则是人人都做得到的事情。时时进德修养，自我充实，才是善待自己的表现。

建议

多多体会"仕而优则学"的道理，并以此自勉。

君子之过，如日月之食

子贡曰："君子之过也，如日月之食①焉：过也，人皆见之；更②也，人皆仰之。"

主旨

子贡说明君子知过必改才最可贵。

注释

①"食"同"蚀"。②"更"即改。

今译

子贡说："君子的过错好比日蚀月蚀一样：犯错了，人人都看得见；改过了，人人都仰望他。"

引述

　　日月高高悬挂在天上，日蚀月蚀的景象，大家仰首探望，都看得十分清楚。君子也是大家注目的对象，有任何过失，就像日蚀月蚀那样瞒不过大家的眼睛。只要他一改过，大家仍然仰望他、敬重他。

　　《述而第七》记载："丘也幸，苟有过，人必知之。"意思是孔子自己明白，如果犯了过失，人家一定会知道。《卫灵公第十五》指出："过而不改，是谓过矣。"一个人面对过错，采取什么样的态度，才是君子和小人不一样的地方。君子并不是圣人，不可能没有过错，只要不掩饰，能勇敢面对，并且不再犯同样的过错，大家仍然会敬重他。

自我要求

　　（一）俗语说：人怕出名猪怕肥。猪肥了就会被送到屠宰场，人出名了难免引人注目。愈出名愈不能有任何闪失，否则造成大家的指责或攻击，也是活该。

　　（二）《学天第一》所说"过则勿惮改"，适用于所有的人。有了过失，千万不要怕认错，不管什么人指正，最好都能够欣然接受，使自己知所改进。

　　（三）《中庸》记载孔子说的话："知耻近乎勇。"一个人知道自己的过失，并且引以为耻辱，叫作知耻。有了这样的羞耻心，并且勇敢地改过，那就是真正的勇敢。

建议

天知、地知、你知,我也知。犯过错不要害怕被人知道,应该勇敢面对,下决心改正。

尧曰第二十

宽则得众,敏则有功

尧曰:"咨①!尔舜!天之历数②在尔躬,允执其中③。四海困穷,天禄④永终。"舜亦以命禹。

曰:"予小子履,敢用玄牡⑤,敢昭告于皇皇⑥后帝:有罪不敢赦。帝臣不蔽,简⑦在帝心。朕躬有罪,无以万方;万方有罪,罪在朕躬。"

"周有大赉⑧(lài),善人是富。""虽有周亲⑨,不如仁人。百姓有过,在予一人。"

谨权量,审法度,修废官,四方之政行焉。兴灭国,继绝世,举逸民,天下之民归心焉。

所重:民、食、丧、祭。

宽则得众,信则民任焉,敏则有功,公则说(yuè)。

主旨

孔子说明尧、舜、禹、汤、武王的治道。

注释

①"咨"为感叹词。②"历数"指帝王相传的次第。

③ "允执其中"为切实执守中正之道。④ "天禄"即君禄。⑤ "玄牡"指黑色的公牛。⑥ "皇皇"是伟大的样子。⑦ "简"即选择。⑧ "赉"是赏赐的意思。这两段话是周武王大封诸侯时所说。⑨ "周亲"即至亲。

今译

尧说："啊！舜呀！上天的大命已经落在你的身上了，你要切实地遵行中正大道。如果天下的百姓都贫困了，上天给你的禄位也将永远断绝了。"舜传位给禹时，也说了这一番话。

商汤说："我这小子履，冒昧地使用黑色的公牛作牺牲，明明白白地祭告于伟大的天帝：有罪的人我不敢轻易赦免他。您的臣子善否，我不敢隐瞒遮掩，由您选择任用。我本人如有罪过，请不要累及天下百姓；天下百姓若有罪过，都归我一人来承担。"

周武王说："周朝大封诸侯，使贤良的人都富贵尊荣。"又说："我虽然有十分亲近的人，但不如有仁德的人。百姓如果有罪过，都该由我来负责。"

谨慎检验衡器量器，审定长度单位，修复已废弃的机关和职务，国家的政令就可以通行了。复兴已经灭亡的国家，承续已经绝嗣的家族，举用那些被遗弃的贤人，天下的百姓都心悦诚服。

要重视的是：民众、粮食、丧葬、祭祀。

宽厚待下就能得到民众的拥护，诚实就能得到民众的信任,勤敏就能有功绩,公平就能使民众高兴。

引述

"历数"是依据日、月、地球的运转周期,来制定年、月、日的计时系统。在古代文化中,我们相信大位由天定,像尧、舜、禹这样伟大的领袖,应该都是上天指派来人间为广大人民服务的。所以尧对舜说:上天的大命,已经落在你的身上。"天之历数在尔躬",是一种时代使命感的宣示,必须以"允执其中"的心态事事求合理,以无私的心来化解四海的贫困。唯有如此,才能够展现辉煌的政绩,这种天禄也才能够长久继续下去。

汤的"朕躬有罪,无以万方;万方有罪,罪在朕躬",与周武王的"百姓有过,在予一人",都是表示完全负责、绝对承担的决心。因此,"谨权量,审法度,修废官,四方之政行焉",终于对当代做出很大贡献,成为不朽的历史人物。

《论语》一书,内容主要是孔子的弟子们记载孔子所说的话。我认为在"尧曰"的前面应该加上"子曰"的字样,这样比较合理。很可能是因为子曰、尧曰连接在一起,读起来不大顺口,才把子曰省略掉。

自我要求

(一)"中"是我国哲学思想中非常重要的部分。孔子在"中"之外,加上一个"庸"字,成为中庸之道。孔子虽然没有获得上天赐给的大位,却因此而继往贤、开来学,成为大家尊敬的至圣先师。

（二）中的意思是合理，无一事不合理，便是中庸。我们身为中国人，必须事事求合理，做人做事都力求恰到好处。

（三）合理的进步，才是合乎人性需求的真正进步。稍微缓慢，却十分稳定，后遗症很少，对大家很有帮助。

建议

事理大多是相对的，在相对的事理当中寻求合理的平衡点，才合乎"允执其中"的要求。